Destellos

De la inocencia a la madurez

SUNI PAZ

Destellos

De la inocencia a la madurez

Historias reales que te servirán
de inspiración
para escribir las tuyas

Diseño de cubierta: Fauve Assoc.
www.fauveassociates.com

Visite a Suni Paz en www.sunipaz.com

www.sunipaz.com

ISBN 978-1-938061-86-8

Printed in the United States of America

Estas memorias
están dedicadas a mis hijos
Juan, Ramiro y Kjersten,
para iluminar sus orígenes
y fortalecer su futuro y
para las personas que
me apoyaron con su amor
y comprensión...

ÍNDICE

Sobre la autora

SUNI PAZ nació con el nombre de ELSA CALANDRELLI. Por ser la menor de las cuatro hermanas le llamaban Bebita. Creció en Argentina, dentro de una familia que no sólo apreciaba cualquier arte, sino que los practicaba casi todos. En la casa familiar de los Calandrelli Solá en Buenos Aires, no faltaba en las veladas oír tocar el piano a Mamá Nieves, siempre enamorada del folklore más puro y a la que acompañaban a viva voz, un coro formado por sus hijos y el inexacto número de adultos que hubiera aquel día en casa. En este libro se cuenta cómo el abuelo se inspiraba antes de pasar consulta médica tocando sonatas en su violín, e intercambiaba poemas con su nieta. De esa cuna viene el arte musical de nuestra autora y su poesía.

Los años pasados en Argentina durante la adolescencia se movían entre los muros de una educación formal y el horizonte sin límites al que la invitaban las tías que vivían en casa. Tía Mimí era pintora y Suni aprendió la voz del color, la ternura de las formas y la razón de ser de la abstracción de su mano.

El abuelo sin embargo, escribió todo un libro dando a conocer su percepción de "ese arte" desde su punto de vista figurativo y médico. ¡Qué divertida cada discusión en casa, siendo todos tan diferentes!

Tía Susana era novelista, cuentista y poeta. Cuando regresó de París con dos primeros premios poéticos obtenidos en Francia, la familia supo que *Tiásu* era la voz de la vida que todos llevaban dentro, pero que ellos expresaban con música o color.

Vino el amor y Chile, los hijos y la emigración, y en cualquier lugar la voz y su guitarra la salvaron siempre. Para entonces Suni era ya del clan de los que se toman la vida en serio, pero con una sonrisa. Formó parte de conciertos multitudinarios en el Madison Square Garden y en festivales junto a Bob Dylan, Phil Ochs, Guy Carawan, Pete Seeger y Martha Siegel, entre otros. Suni Paz había encontrado la palabra y cantaba en pro de la verdad, contra la injusticia social y en favor de una paz duradera, por los escenarios de Estados Unidos, Argentina, España, Francia, Alemania, México, Dominique y Puerto Rico.

Después de varias décadas en Nueva York, muchos premios nacionales e internacionales, y un sincero equipaje de vida resumido en su literatura, Suni Paz, cantante, compositora, poeta, escritora, se presenta ahora frente al público "*completando otra vuelta de la calesita que es mi vida*" como ella misma describe este momento.
¡Disfrútenla!

Francisca Isabel Campoy

Introducción

Habiendo sido apasionada canta-autora desde los catorce años, no pensé que podría llegar a escribir un libro. Sin embargo, hice tres cosas esenciales para su inspiración: mantuve diarios para ayudar a la memoria, conté incansablemente las anécdotas más vívidas de mi existencia en familia y escribí canciones y poemas para fijarlas. Mucho le debo también a los genes de mi familia.

Sabemos que hacerse de una profesión, criar hijos, luchar por las ideas de uno con amor -dentro de una sociedad diametralmente opuesta a la que nos vio nacer- constituye el inmenso desafío del emigrante. A cada momento hay que re-inventarse manteniendo la esencia.

Para cantar, desde canciones folclóricas con guitarra y charango, hasta canciones de protesta cuando era necesario salvar a alguien de las injusticias, decidí cambiar mi nombre de ELSA CALANDRELLI, que haría creer al público que cantaba "Tarantelas" y podría avergonzar a mi familia, a SUNI PAZ, que en el idioma de Bolivia, cuna del Charango, en Quechua, quiere decir, "Paz Duradera." Así también dejaba que mi hermano Jorge se luciera en el ámbito musical sin interferencias de su hermana, que era, en resumidas cuentas, también lo que él prefería. En Estados Unidos, él sería el único Calandrelli músico y yo Suni Paz, la cantante de niños y Nueva Canción.

En la edad de la reflexión, cuando empiezo a "dar la vuelta al codo" de la vida, siento la imperativa necesidad de dejarle saber a mis hijos de dónde vienen y a darles a conocer quién fui en comparación con quién soy ahora. Quiero que vean que todo es posible. Estos cuentos son la prueba y testimonio de que, como dice Alma Flor Ada, *el crecer nunca acaba.*

A este libro le seguirá otro sobre mis experiencias de vida en el campo de la música y la educación en lugares como Chile, Europa, Centro-America, el Caribe y los EEUU, que ya está casi terminado, en Inglés.

También les anuncio que ya se publicaron varios de mis poemas para la escuela elemental en un libro titulado Senderos, publicado por Houghton Mifflin. Tengo otro libro en mente con mis poesías para todas las edades.

En el 2016, salieron, para la fecha de mi cumpleaños, tres nuevos CD's con la poesía de Alma Flor Ada y de Isabel Campoy, con mi música, arreglos y la voz de mis hijos cantando conmigo.

Como ven, una vida muy agitada…y divertida!

Este aprender, repito...nunca acaba!

Suni Paz

Nuevos CD's:
Poesía eres Tú, Arrullos de la Sirena, Como una flor
que se encuentran en ray@delsolbooks.com y por salir en Abril, uno con Liz Mitchell de canciones para niños, en Español publicado por smithsonianfolkways@si.edu

Primera parte:

Primeros pasos y sorpresas

Mi primer héroe

Un niñito de cobre
tengo en mis brazos.
Descalza llega la noche
para mirarlo.
Atahualpa Yupanqui

Atesoro las fotos porque conservan retazos de pequeñas historias de la familia. Hablan por sí mismas. Revelan una época, un tiempo de vida, custodian una memoria querida y a ese alguien en quien pudimos confiar.

Mi hermano Matías y yo éramos compinches. Nunca peleábamos. Tenía él sólo dos años y yo cuatro cuando se dio cuenta de que me aterraban los relámpagos seguidos de truenos feroces. En el momento mismo en que una luz cegadora cruzaba el cielo, con ojos espantados y temblando comenzaba yo a dar alaridos. Luego corría a esconderme en el lugar más oscuro y protegido que podía encontrar, generalmente debajo de una cama, cuando no me zambullía con la velocidad de un ratón por entre las cobijas hasta el fondo mismo. Allí esperaba el trueno que sacudía los cimientos de la casa como si fuera una coctelera. Entonces no había fuerza en la tierra que me convenciera de dejar mi refugio. Sólo cuando el temporal había disminuido su poder eléctrico, o si Matías venía a hacerme compañía y a convencerme de sacar la cabeza afuera-como las tortugas cuando pasó el peligro- recién entonces me animaba a salir.

Los tres pisos de nuestra casa se comunicaban entre sí por medio de una escalera de madera lustrosa como ébano que por ser tan larga, para facilitar las curvas, tenía tres descansillos en la mitad del camino. Los tramos, siempre encerados, eran muy resbaladizos. Matías tenía prohibido subirlas o bajarlas a no ser que estuviera acompañado por mí o por un adulto. Cuando me asustaba, como si estuviera perseguida por diablos y dragones, me largaba escaleras abajo saltando los escalones de a dos, sin cuidado alguno. Si no me rompía los huesos era por la larga práctica de huir a la carrera.

A veces Matías se entretenía en el piso inferior en compañía de abuelo o con mis tías. Entonces, si por mala suerte, el primer rayo me sorprendía jugando sola en mi cuarto o en el medio de la casa, armaba un escándalo de gritos tal, que se llegaba a oír por arriba de los truenos.

Un día en particular, comenzó de pronto una sudestada que ya se venía anunciando en el olor salino que venía del río y la humedad que calaba los huesos. El cielo era de un gris plomo, casi negro. De pronto a un relámpago prodigioso le siguió un trueno que hizo retemblar pisos y ventanas. Desbocada de terror me deslicé como una ráfaga bajo la cama. Para colmo, en ese momento, en el piso donde yo estaba jugando, no había nadie. Empecé a gritar al tope de los pulmones, llorando como una condenada, más asustada que un conejo frente a una cascabel. Esta vez sí estaba convencida que el trueno me iba a encontrar y a convertirme en polvo, tal como me lo tenía dicho y repetido Elena, la cocinera, cada vez que asomaba por su cocina.

De pronto se hizo un silencio sepulcral. En la quietud pude escuchar unos pasos vacilantes avanzando escaleras arriba. Matías llamaba mi nombre en su media lengua:

-Bebita, no *tenas mero, qu'aquí* estoy yo.

Me sentí tan reconfortada por su hilo de voz que me instaba a no tener miedo y tan azorada al ver su valentía que lo aventuraba a venir a mi rescate, sin importarle la severidad de rayos y truenos, que salí de mi escondite y corrí a encontrarlo. Su frase infantil de aliento se haría famosa en la familia. En el futuro así nos íbamos a dar valor.

Sujetándose con ambas manos de los barrotes de madera- pues no llegaba a la baranda- Matías, rojo del esfuerzo, subía laboriosamente las escaleras. Descansaba un poquito, estiraba una vez más sus piernas y continuaba escalando. Recuerdo mis sentimientos del momento: una mezcla de admiración, gratitud, alivio y temor a la vez de que se fuera a resbalar, mezclados a una cálida sensación de amor y ternura. Corrí a su encuentro y tomados de la mano descendimos al primer piso. Apenas alcanzamos el despacho de abuelo cuando otro relámpago, seguido de un trueno poderoso, me hizo caer desplomada en brazos de Tata. Sentada en su falda y con la cabeza escondida en su chaqueta esperé a que el escandaloso sacudimiento de la casa se detuviera. Creí que se nos iba a derrumbar encima.

Mientras tanto, Tata sonreía y me calmaba dándome palmaditas afectuosas en la espalda:

-¿Qué te tiene tan aterrada, nenita? ¡No es para tanto! Es un regalo de la naturaleza. Un espectáculo para entretenernos. Nada para dar miedo. ¿Qué crees que puede sucederte? Esta casa tiembla un poco, pero no se va a caer jamás. Es todo ruido y luz, nada más. Vamos, vamos.

Matías y "Beba"

Con toda seriedad le expliqué que yo sabía muy bien que los relámpagos venían de un carromato cubierto de hule negro que estaba siempre estacionado debajo del balcón de mamá que daba a la calle. Elena, la cocinera, me lo había dicho y yo lo había visto con mis propios ojos. Desde el carro salían los rayos que iban a destrozar la casa y a pulverizarme en cualquier momento. Seguro que estaba ahora mismo debajo del balcón. Tata se quedó azorado con mis explicaciones. ¡Qué redondo disparate! ¿Cómo podía creer un cuento tan descabellado? Esta Elena...siempre encantada de espantar a los chiquillos.

Abuelo nos sentó a Matías y a mí en sus rodillas y con toda paciencia nos explicó el origen y la naturaleza de las tormentas, los relámpagos y los truenos. Luego nos llevó hasta la ventana para enseñarnos los pararrayos, que como centinelas, estaban por ley instalados en todo el perímetro de casas de Buenos Aires, protegiendo los hogares. Ni un solo rayo se les escapaba. Aún en la peor de las tormentas, durante las mayores Sudestadas, estábamos totalmente seguros. Abuelo nos condujo hasta la ventana y desde el refugio de sus brazos contemplamos los pararrayos absorbiendo esas saetas brillantes que salían de las nubes y desaparecían en las largas estacas de metal haciendo un ruido prodigioso. Era todo un espectáculo. Abuelo nos dejó a Matías y a mí tomados de la mano, con las narices pegadas a los cristales de la ventana de la que nos separábamos sólo cuando empezaban a temblar, para volver a nuestros lugares en cuanto el cielo y la tierra se calmaban. Pasamos una tarde inolvidable disfrutando juntos, por primera vez, las luces fosforescentes con que nos regalaba la tormenta eléctrica y hasta los sacudones de la casa, sabiendo ahora que no se podía caer.

En el retrato que sostengo en mi mano y que es mi favorito, veo dos niños, uno pegadito al otro. Miran directamente al ojo de la cámara con ojos grandes como platos y sonrisas tímidas. El niño de mejillas tostadas de sol, con traje de marinero, medias cortas y botitas blancas es el amigo de mi alma, Matías. La niña que soy yo, tiene dos diminutos moños blancos a los lados de la cabeza. Lleva un vestido de muselina con flores de colores bordadas en el ruedo, las mangas y alrededor del escote. Con una mano sujeta a un oso de felpa marrón oscuro, regalo de su padrino. El pulgar de la otra mano está en la boca cubriendo la sonrisa en un gesto de apocamiento. Para instarme a posar el fotógrafo me convenció que los objetivos del lente eran el osito y Matías, no yo. Años más tarde yo iba a usar esa misma treta para que mi primera sobrina me dejara retratarla.

En mi foto favorita, con mi hermano a mi lado, aún envuelta en una nube de timidez, sé que estoy a salvo de todo peligro. Estoy con mi héroe. El único niño al que puedo ciegamente confiarle mi vida.

Nota: Hoy, mi héroe ha ganado campeonatos de ajedrez. Es profesor universitario en Dirección Estratégica de Ventas y en Marketing Directo y autor de varios libros en estos temas, con trofeos ganados por sus brillantes presentaciones. Por su extraordinario sentido del humor yo le daría, lo menos, un Premio Nobel a la Salud, por mantenernos siempre risueños o riendo a carcajadas.

Mi tía Susana

Sólo están lejos las cosas
Que no sabemos mirar
Atahualpa Yupanqui

A Tía Susana los sobrinos la llamábamos "Tiásu" acentuando la a. Escribía cuentos para niños y adultos y pasaba más tiempo en cama, escribiendo, que de pie. Se levantaba sólo para cumplir con citas relacionadas con sus trabajos de escritora. Cuando la visitaba en su cuarto, solía alzar sus ojos de las páginas para recordarme:

-Ganarse la vida como escritora no es nada fácil, pichona, te lo digo.

Me prevenía por si algún día tenía la idea de seguir sus pasos.

Siempre estaba inventando cuentos. Lo que me encantaba era que me los leía o me los contaba antes de pasarlos en limpio. Me trataba como si yo fuera adulta. Me pedía mi opinión:

-Y ¿qué te pareció? ¿Te gustó? ¿Por qué? Vení, contáme.
Y con ojos atentos, ella escuchaba.

Como por aquel entonces las computadoras no existían, sentada en su cama, la espalda sostenida por grandes almohadones y una maquinilla portátil sobre las rodillas tecleaba con fiereza usando los dedos índices, a una velocidad sorprendente. Andaba con las yemas pintadas de color humo por la tinta del carbónico para copias. El ritmo de la *Underwood* portátil resonaba toda la noche y de día pasábamos frente a su puerta en puntillas, para respetar su sueño.

Sus cuentos me ilusionaban. Sobre todo los de hadas y elfos. No me contaba los de ogros porque sabía que me daban pesadillas. Solía salpicar sus historias de gnomos con canciones como ésta que yo aprendí a cantar:

"En el bosque hay un hombre
muy pequeñín
Que tiene un sombrerito
color carmín.
¿Quién al bosque lo llevó?
¿Quién quisiera saber yo?
Al de la capita color punzó.

El hombre está parado
en un solo pie.
Y tiene un sombrerito color café.
¿Quién al bosque lo llevó?
¿Quién quisiera saber yo?
Al de la capita color punzó"

Esta canción siempre acababa en un silencio evocador seguido de la invariable pregunta:

-Tiasu, ¿cómo es un gnomo? Con ese amor de los niños por las repeticiones, yo sólo deseaba escuchar su explicación una vez más.

En cuanto la veía pensativa, la asediaba:

-Tiasu, contame el cuento de Martín Fierro. Ella había publicado una versión para niños que le encantaba leerme.

Y otras veces:

-Tiasu, ¿no me decís el poema de la princesa en su silla de oro y de la flor que se desmaya en un vaso? Y la hacía recitar en voz alta:

-"La princesa está triste. ¿Qué tendrá la princesa?..."

Entonces, mi mente componía la imagen de la niña como si la hubiese conocido desde siempre. Luego pedía el poema de Margarita. Con ojos perdidos en el horizonte de su memoria Tiasu comenzaba:

-"Margarita está linda la mar y el viento trae sutil esencia de azahar..." toda mi atención capturada por el ritmo de su voz.

Además de recitarme a Rubén Darío, Tiasu me leía *Cuentos de hada rusos y de la India* que llevaban ilustraciones exóticas que exacerbaban la imaginación. A veces me recitaba cuentos de crueles piratas cuando no nos leía, a mis hermanos y a mí, sus cuentos infantiles y los de *Calleja*, un autor Español.

Susana Calandrelli - Tiasu

En las tardes de lluvia, me cantaba en inglés poemas de *Mother Goose*. Yo unía mi voz a la de ella y a dúo cantábamos *Humpty Dumpty, Sing a Song of Sixpence* y *Little Miss Muffet*. Años más tarde, ya en los Estados Unidos, fue para mí una sorpresa reconocer esas canciones infantiles inglesas en las voces de folcloristas norteamericanos.

Cuando mi tía me leía sus cuentos históricos de corte romántico yo sacudía la cabeza:

-¡Tiasu, este cuento, no sé por qué, me suena a mentira! Entonces a ella se le arrugaban los ojitos y reía con ganas:

-Ay, nenita, si vieras ¡cuántas mentiras se dicen en nombre de la historia! Pero después modificaba algunos párrafos. ¡Esos momentos íntimos me hacían sentir muy importante!

Si algo que me leía me entusiasmaba, palmoteando la vitoreaba saltando en el asiento:

-¡Bravo! ¡Viva la *Tía de Fierro*!

Es el nombre que le dimos los sobrinos porque nos parecía indomable y divertida. ¿Dónde se podía encontrar una tía de paciencia colosal que escribiera cuentos, cantara, recitara de memoria poesías sin fin y llevara a seis sobrinos de conducta cuestionable, a visitar el Banco Central, la Curia, la Municipalidad y el Cine Odeón de la vuelta, para después dejar que se atiborraran de *panqueques con dulce de leche* en *La Martona*, la lechería favorita de los sobrinos? ¡En nuestras vidas y en la de nuestros amigos no existía nadie semejante a ella!

Un día, para mi sorpresa, descubrí a Tiasu estudiando con una lupa varias cartas:

-Tiasu, ¿qué hacés?

-Estudio si el hombre que escribió estas cartas tiene tendencias homicidas.

-¿Qué querés decir con eso de *homicidas*?

- Que es un criminal, que mató a alguien.

-Tiasu, entonces ¿vos sos como Sherlock Holmes? ¿Vas a resolver un crimen? Yo creía que vos eras solamente una tía escritora.

- No, *Bebucha,* además de tía y escritora, soy grafóloga.

Así me enteré que estudiaba la escritura y mandaba los resultados al Departamento de Investigaciones Criminales donde sus conclusiones se utilizaban para entender mejor el modo de actuar y pensar de un asesino o de un homicida potencial. Frente a mis ojos, la estatura de mi tía creció varios centímetros.

Otra vez la encontré estudiando el cielo con un telescopio. Sabía todas las constelaciones, las estrellas, sus nombres y características. Era astrónoma aficionada, amaba las ciencias y creía firmemente que algún día íbamos a llegar a la Luna y a Marte. Juntas, nos pasábamos horas observando estrellas y yo escuchando sus descripciones de los fenómenos celestes. No viendo progresos, con los años empezó a perder fe en aquel ansiado desenlace. Desgraciadamente, falleció antes de que los astronautas caminaran por la esfera nocturna como si tal cosa.

Hasta que me volví señorita, Tiasu fue mi mejor amiga. En broma me puso de mote: "La toalla" porque siempre andaba colgada de su brazo. También me llamaba "Bebita" por ser la menor de mis hermanas. Me llevaba a todos lados con ella. Era una alegre compañía.

Así que los sobrinos crecíamos, acuciados por las vicisitudes de la edad y las transformaciones corporales que provocaban, nos volvíamos más y más distantes. Envueltos en nuestras vidas y su futuro nos íbamos olvidando de visitar a Tiasu con frecuencia. Para entonces, ya no vivía con nosotros. Fallecida su madre, Tiasu dejó nuestra casa y se mudó junto con su padre, mi Tata, a un departamento del otro lado de la ciudad.

Como, entre otras cosas, siempre andábamos faltos de monedas para el tranvía o el ómnibus, nuestras visitas a su nuevo hogar se hicieron infrecuentes. Al cumplir dieciocho años algunos sobrinos dejaron el país, se emplearon, comenzaron estudios superiores, o se casaron. El caso es que de a poco perdimos contacto con nuestra tía favorita.

Eventualmente yo también me casé. Partí primero a Chile con mi esposo y mis hijos y más tarde, a los Estados Unidos con la intención de crearme un futuro. Inspirada por Tiasu, ingresé en la universidad para obtener un diploma en literatura. Pasado un tiempo, dejamos de escribirnos.

Un día en que estaba preparando una monografía sobre mujeres escritoras de nombre busqué en la biblioteca un volumen que pudiera servirme de apoyo. Encontré uno titulado Mujeres hispanoamericanas en la literatura. -Ahá, me dije, aquí están las famosas. Efectivamente, allí estaban Gabriela Mistral, Delmira Agustini, Alfonsina Storni... y mi Tiásu. Me quedé alelada. No sabía que su nombre había llegado a resonar en el mundo universal de las letras.

Como si se tratara de una extraña, leí la biografía de Susana Calandrelli. Me pareció incompleta. Allí no se mencionaba a la Grafóloga, a la Astrónoma, o a la Tía de Fierro, pero sí que había ganado a los 16 años un concurso de poesía en francés en los *Juegos florales de Languedoc*, en Francia. En este concurso competían los mejores poetas de la época. Tiasu ganó el primer y el segundo premio con dos de sus poemas escritos en un francés impecable. Los dos se incluyeron más tarde en un libro titulado *Carillons dans l'ombre*.

Agregado a esto, en Argentina había recibido fajas de honor y premios de la Sociedad Argentina de Escritores, a más de otros reconocimientos por su extensa obra en poesía, cuentos y novelas. Al final de la biografía figuraba la fecha de su nacimiento y de su muerte: *1901-1978*. Me sentí acongojada.

Al independizarme, ¡qué poco caso le había hecho! ¡Qué mala amiga le había resultado! Me avergoncé de no haberme esforzado en mantener el contacto con ella y de no haber estado a su lado en su viaje final. ¡Qué terrible pérdida!

Llamé a mi hermana a Buenos Aires. Como poeta, ella también había compartido con Tiásu su entrañable amor por la poesía. Hablaban el mismo lenguaje.

-Nieves, sé ángel y mandáme una copia de todo lo que Tiásu haya escrito. ¡Acabo de descubrirla!

Mi primer empleo

El corazón
guarda secretos...
Atahualpa Yupanqui

Curiosamente, comencé la vida sin muñecos, ni muñecas. No porque no me encantaran, sino porque nadie nunca me los había regalado. Entonces se les compraban a los chicos muy pocos juguetes. Si queríamos algo, teníamos que inventarlo, crearlo o imaginarlo. Así nunca nos faltaba nada.

Recuerdo, sin embargo, una muñeca de mi hermana mayor, copia fiel de Shirley Temple, con hoyuelos en las mejillas, rulos largos color bronce y ojos azules. Era de buen tamaño y estaba vestida en seda rosada. Teníamos terminantemente prohibido tocarla. Sólo la dueña podía. De a ratos, yo me sentaba por largo tiempo frente a ella, embelesada, sin atreverme a ponerle un dedo encima. Un día, finalmente, me cansé de mirarla.

Pronto encontré un reemplazante. A los siete años, sin pensarlo, me enamoré perdidamente de un munequito que vi en una vidriera. Todos los días, camino a la plaza, me soltaba de la mano de la niñera y me quedaba mirándolo, la nariz pegada al vidrio de Harrods. Tenía que tenerlo. Fue entonces que se me ocurrió una idea. Entré corriendo en la habitación de mi tía, agitada por mi nuevo propósito.

-Vaya, vaya.¿Y éste huracán? ¿Algo de urgencia? Preguntó con una sonrisa divertida.

Casi sin aire me expliqué:

-¡Tiásu,Tiásu, tenés que decirme dónde puedo conseguirme un empleo! ¡Necesito ya mismo plata para comprarme un muñeco divino, un Bubilai con rulitos, que vi en Harrods!

Sin sorprenderse en lo más mínimo por mi pedido, Tiasu adoptó una expresión seria y meditativa. Segundos después me propuso:

-Vas a ser mi secretaria y yo te voy a pagar.

Casi todos los días iba un ratito a su cuarto, le ordenaba las cuartillas, le prensaba las copias, le llenaba la engrapadora, pasaba un pañito por su escritorio y le guardaba los ganchitos. Cuando terminaba mi labor,Tiasu me servía chocolate con vainillas y ponía mi paga en un sobre, dentro de un enorme Diccionario de la Lengua Castellana, que descansaba sobre un atril de madera labrada. Después me leía un cuento o un poema y charlábamos.

Un buen día me anunció que me jubilaba porque ya había reunido suficiente dinero. Se puso un sombrero ladeado de ala cortita y salimos las dos a paso rápido hacia la tienda.

Mi Bubilai tenía pelo crespo color de melaza y ojos más oscuros que los míos. Era mi primer muñeco y además me lo había ganado con mi trabajo. Era mi adoración. Incansable, lo llevaba conmigo a todas partes. Al igual que mi hermana Ana María con su muñeca, llegué a darle de beber tantos jugos de frutas, que el pie de pasta de mi Bubilai comenzó a desintegrarse.

Al cabo de unos cuantos años y después de muchos traqueteos, el pobre muñeco llegó al final de su destino. Reemplazado en mi cariño por un verdadero Bubilai, quedó mi bebé encerrado en un viejo ropero hasta que mi madre lo metió con otros juguetes en una caja que regaló, quién sabe a quién. Desde entonces lo guardé religiosamente en mi memoria. Hoy, para los cumpleaños, regalo a los hijos de mis amigos, muñecos de tez color miel oscura y trato de que se parezcan a mi Bubilai, lo que no es fácil. No puede ser reemplazado...

Nieves es su nombre

> Desde mis montañas, nieve, viento y sol,
> he bajado al valle sólo por tu amor.
> He bajado al valle con una canción
> tinta de perfumes, nieve, viento y sol...
> Atahualpa Yupanqui

¿Por qué te pusieron un nombre que trae a la memoria el frío de las cumbres eternas si tu presencia evoca la calidez de los valles acariciados de sol? Tu corazón de paloma, bueno como el pan, es todo lo que recuerdo y lo que me ha acompañado en la vida. Ha sido mi alero y mi única seguridad de amor.

¿Quién se pasó toda una mañana sentada sobre la alfombra en el cuarto de nuestra madre enseñándome a cantar en armonía? Tu sonrisa amable se derramaba y me instabas:
-Canta conmigo. Así:

Tengo dos cabritillas, le, lere, lere lé.
Arriba en la montaña, le, lere, lere, lé.
Arriba en la montaña, ay, le, ay, lé.
Cabritilla que te vas, no vayas a despeñar.

Ese día me diste mi voz y mi futuro. La canción llevaba en sí tu consejo, escrito más tarde en tarjetas de cumpleaños, para darme ánimo a seguir siendo complaciente y buena: "no vayas a despeñar". Yo era tu corderito entonces y tu abrazo amoroso me recogía cuando me llenaba de lágrimas de angustia o de miedo.

A expreso pedido mío, me pusieron pupila en el internado donde estabas vos, Nieves, y nuestras otras dos hermanas. También deseaba huir de la inglesa loca que nos cuidaba a mi hermano y a mí.
-"Quiero estar con Nieves y las chicas", era mi lloro constante.

Tu figura llenaba mi universo, tu ausencia lo desolaba. Llegó el día en que, asustada de verme enflaquecer, dejar pasar los platos sin probarlos, o devolver todo aquello que me llevaba a la boca, mi Madre cedió. A los siete años quedé bajo tu custodia, Nieves.

En el colegio sólo te causé desazones. La primera noche en la alcoba virginal, las monjas vieron interrumpido su descanso por una catarata de canciones tropicales liberadas de mi garganta, a voz en cuello, mientras hacía sonar los tabiques de separación aporreándolos con los puños, celebrando mi liberación de *la miss*, en un mambo que evocaba los ritmos de tierras africanas:

- " *¡Hay que bailar la chicachicapunchi, borombombom!*
¡Hay que bailar la chicachicapunchi barám bám bám!"

Llegaron las monjas en vestuarios inimaginables: los cabellos cubiertos por redes y paños, los cuerpos en togas, enaguas y túnicas. Vi estos fantasmas de blanco descorrer los cortinados y me quedé muda de admiración. ¿De dónde salía esta concurrencia? ¿Cuál era ahora mi pecado?

Vos, Nieves, tuviste que dejar tu cama caliente como un nido para llegar de un salto al borde de la mía. Con paciencia y ternezas, me explicaste las leyes nocturnas que requerían de un silencio absoluto al entrar en los dormitorios. Después me acomodaste sobre la almohada, envolviste las sábanas alrededor de mi cuerpo, como las hojas el repollito, y me besaste el pelo.

-Dormite pequeña, mañana en el recreo podrás cantar todo lo que quieras.

Sabiéndote cerca, dormí por primera vez sin pesadillas, ese sueño profundo de los niños que tienen a su lado a un hada madrina.

Las palabras que en la vida, mucho más tarde, escribiste con tu pluma de poeta *A un hijo adolescente*, ya me las estabas regalando prendidas en esquelas, y estampitas que me dejabas de sorpresa sobre el escritorio:

"*La vida es...*
un prodigioso viaje
donde todos hacemos
nuestro propio paisaje.
Donde hay seres humanos
que no saben siquiera
lo que es una sonrisa.

Nunca te olvides, nunca,
de que son tus hermanos
y comparte con ellos
su dolor y tu risa".

En lo más profundo de mí, entretejiste la convicción de que podía confiar en tu persona, que no me fallarías y que podía aspirar a ese viaje promisorio.

Como agradecimiento, durante todo un año, cada noche a la hora de la cena, invariablemente, como el tiempo corre por el reloj de arena, al final de los postres, te codeaba desesperadamente llamándote:

-¡Nieves, Nieves, Nieves!

Y ese era el código para salir volando del comedor, hacer una reverencia tambaleante a la reverenda madre de turno que, sentada sobre una tarima de madera, como capitán de barco, vigilaba con ojo atento el orden y el decoro del comedor. Con leve inclinación de cabeza nos daba el permiso de salida y como si estuviéramos perseguidas por las ánimas, corríamos Nieves y yo, tomadas de las manos por los corredores y pasillos. Subíamos sin aliento una escalinata interminable de madera tan lustrada que brillaba en la penumbra y allí, al lado de la capilla iluminada sólo por la vela de un farolito rojo que venía del sagrario, entrábamos al trote en el único baño del segundo piso.

Tanteando el lugar exacto, pues no había luz, arrojaba en un santiamén el contenido de todo lo que llevaba en el estómago - y que nunca era mucho pues el desgano no me dejaba vivir y menos comer. Después, sin apuro, hacíamos el camino de regreso rodeadas del intenso perfume a incienso que se desprendía de la capilla y corría como humo por los corredores. Por un año seguido esta escena se repitió noche tras noche, sin excepción.

Jamás me reprochaste, Nieves, la invasión de tu espacio, la brusca interrupción a la merecida tranquilidad de una cena pacífica, con tus compañeras queridas, mientras escuchábamos como telón de fondo el runrún de una religiosa leyendo palabras inspiradoras. Nunca me levantaste la voz o me pegaste –como se usaba entonces cuando el fastidio colmaba la copa. Por el contrario, tu mano tomaba la mía y en esa seguridad de contar con vos, pasara lo que pasase, pude al fin desprenderme de ese hábito manejado por el terror a la noche, a la soledad y a la vida.

Me repuse. Normalicé mis hábitos. Recuperé el humor. Despojada de esa opresión, esa marca en la frente, fui una alumna más entre todas. Dominado el miedo, pude al fin comenzar a vivir, a jugar y a cantar libremente.

En la ignorancia de mi niñez, no me percataba que junto a mí tenía, no sólo a una hermana, sino a una mujer poeta que con ternura y compasión me estaba enseñando a ser persona. Ya entonces tus acciones traían el valioso perfume de los poemas que más adelante escribirías aconsejando a tus nueve hijos:

"-Mira siempre el trasfondo;
busca en todo la esencia,
Serán tus compañeras
la bondad y la prudencia.
Más allá de nosotros
está el mundo del ser.
Para amarlo, hijo mío,
hay que aprender a ver.

...También hay una estrella
que se llama Esperanza:
Es jubilosa y verde;
que ilumine tu alma.
Figúrate que el mundo
está lleno de escalas
Mira siempre hacia arriba
y se abrirán tus alas.

...Ama mucho las cosas
de la naturaleza;
Ellas nunca abandonan;
no sabrás qué es tristeza".

De tu manera de darte a los demás queda como testigo, además de mí, este poema tuyo del que recuerdo solamente las siguientes líneas porque me sirvieron de ejemplo y dieron un sentido nuevo a mi vida:

"..
Quiero sangrar con el dolor de todos
Quiero cantarle al Hombre y su destino,
Resucitar en la palabra asombro
Nacer de nuevo en el candor de un niño,
Descubrir el espíritu en los ojos
Y volver a encontrarme en el olvido."

Cuando en nuestro recorrido, encontramos a alguien que nos acepta como somos, incondicionalmente, en nuestro interior nacen destellos que desvanecen las sombras y nos hace videntes de lo invisible. Entonces nos sentimos capaces de mover las montañas, amar con los ojos abiertos y acariciar la vida.

La primera amistad

> Viendo pasar una nube le dije:
> ¡Ay! ¡Llévame tan alto como tú subes!
> La nube pasó diciendo,
> ¡Imposible!... ¡Imposible!
>
> Atahualpa Yupanqui

En el internado no había ninguna otra niña de siete años para poder jugar. Aunque tres de mis hermanas estaban también pupilas, como eran mayores que yo, no las veía mucho. En las aulas, para paliar la soledad, me sentaba frente al pupitre y miraba los carteles y dibujos que cubrían las paredes fijándome hasta en sus más pequeños detalles.

Durante el día, otras niñas de mi edad asistían al colegio, sólo por la mañana. Así es como conocí a Martina. Era la primera en llegar, acompañada de su mamá, que la traía tomada de la mano. Martina era pequeña, de huesos finitos y una estructura delicada. Muy tímida, casi no hablaba. En la clase de francés la sentaron a mi lado. Comenzamos nuestra amistad riéndonos de la mala imitación que era nuestra pronunciación francesa.

Era una clase divertida. La monja traía brillantes láminas hechas en Francia con hermosas imágenes a la que les prendíamos palabras describiendo cada dibujo: *La Gare, Le train*. La estación de tren mostraba una inmensa locomotora echando humo. Varios niños de la mano de sus padres estaban alistándose para abordarlo. Un perrito sujeto de la correa por una señora anciana que debía ser la abuelita, sacudía la cola en despedida. Los niños estaban vestidos con trajecitos de marinero, gorras o boinas con coleta, botitas cortas y medias blancas. Las niñas llevaban sus cabellos en tirabuzón y sus vestidos estaban adornados con cintas y encajes en el cuello y las mangas. Las botitas les llegaban a media pierna. Había miles de detalles para describir. Las imágenes se veían tan reales que las láminas nos servían para viajar con nuestra imaginación a otras regiones y a otras épocas. También me llevaron a amar otras culturas y la musicalidad de otros idiomas.

Al comienzo, siendo Martina y yo tan tímidas, nuestra amistad se iba desarrollando lenta y tentativamente. Durante los recreos salíamos a un enorme jardín rodeado de árboles vetustos y altísimos eucaliptos. El perfume que se desprendía de la tierra hecha firme por nuestros pies al apisonarla, hacía de nuestros juegos una experiencia inolvidable. Galopábamos como potrillos, sin dirección, tragándonos el viento. Después, nos sosegábamos y comenzábamos a recoger los conos en forma de diminutos sombreros que los eucaliptos dejaban caer. Su aroma era un privilegio que nos exaltaba. Con Martina discutíamos para qué podrían servirles a los pájaros y llegamos a la conclusión de que debían ser los paraguas que protegían a sus pichones cuando la lluvia los encontraba desprevenidos.

De vuelta en la clase, vaciábamos los bolsillos sobre el escritorio gozando de ese perfume primitivo y evocador. Al día siguiente, durante el recreo, creábamos con los conos una serie de dibujos sobre la rica tierra oscura. Podría decir que nuestra amistad se fortaleció cono por cono. Otras veces, jugando a la pelota, a la rayuela o saltando a la soga, nos entreteníamos como dos hermanas, pero casi nunca hablábamos. Era una amistad de silencios y risas.

Un día, cuando nuestro francés estaba finalmente progresando, Martina dejó de venir a clase. Muchas niñas estaban ausentes por resfríos y gripes. Otras veces, sus padres, diplomáticos de carrera, venían en busca de sus hijas para pasar una temporada con toda la familia. En aquella época el sarampión, la varicela, las paperas, eran enfermedades que mantenían a los niños en cuarentena. Las ausencias de un mes o dos eran bastante comunes. Así y todo, yo extrañaba a Martina y no veía la hora en que retornase. Acostumbrada como estaba a su camaradería, jugar sola cada recreo ya no tenía gracia. Pero me hice de paciencia y contando los días de su ausencia recogí los conos más perfectos y perfumados que pude hallar. La monja de la clase de francés me regaló una hermosa caja para guardarlos. Yo imaginaba la sonrisa de Martina cuando viera mi regalo de bienvenida.

Por fin, Martina volvió. Pero estaba irreconocible. Su rostro, levemente hinchado, dejaba ver unos ojos pardos de mirada triste y lejana. Parecía que alguien los hubiera empujado hacia afuera. Había perdido considerable peso y parecía un fantasma de sí misma, más frágil y delicada que nunca. Durante el recreo prefirió quedarse en la clase, así que pasamos ese día y los siguientes en el aula vacía, inclinadas sobre el escritorio, dibujando. Me dijo cuánto valoraba mi regalo. Cada día sacaba de la caja los conitos y con ojos cerrados aspiraba su perfume. Finalmente decidió llevárselos a su casa. Pero no volvió.

Con la esperanza de que regresaría, comencé a juntar flores silvestres que encontraba por el jardín y ponía a secar dentro del libro de francés. Este regalo sí que la iba a sorprender. Pero mi amiga demoraba.

Una mañana me recibió una noticia terrible. Un tumor se había alojado en el cerebro de Martina y era necesario operarlo. Su ausencia sería indefinida.

Tercamente seguí juntando florecitas convencida de que mi amiga iba a salir vencedora. Sin embargo, Martina no sobrevivió a la operación y su corazón de ave, dejó de latir.

La monja explicó que Martina iba camino al cielo. -Por suerte, ya no sufre más. Y apuntando hacia las alturas aseguró que ahora mismo estaba haciendo dibujos en las nubes con los conos que yo le había regalado.

Yo hubiera deseado creer lo que nos decían. Pero no me explicaba la avalancha de encontrados sentimientos que me ahogaban. Nunca me sentí más furiosa y triste al mismo tiempo. Odiaba y amaba a Martina con la misma pasión por haberme traicionado y dejado atrás sin nada para recordarla más que los conos creando figuras en el cielo. Por semanas, miraba las nubes tratando de descubrir cuánto de Martina había en ellas. Sin saber cómo calmar mi tristeza vivía cada día como un castigo.

Los adultos me aseguraban que pronto tendría nuevos amigos. Pero yo desconfiaba de cualquier acercamiento o apego. También los adultos pueden haber pensado que con los años olvidaría hasta su rostro. Pero no fue así. Sin esfuerzo puedo recordar cada uno de sus delicados rasgos, con la fuerza y claridad de la memoria infantil para los detalles: su sonrisa, la manera como se alzaba del banco con la delicadeza de una bailarina. Con la misma agudeza, recuerdo sus ojos saltones y su expresión dolida y distante que parecía ver ese otro mundo que la aguardaba.

Cada dos semanas, papá venía a buscarnos a disfrutar el fin de semana con la familia. El camino que seguíamos pasaba frente a la casa de Martina. Entonces, el deseo de verla y la finalidad de saber que nunca más la encontraría me hacía ahogar en lágrimas de rebelión y frustración. No había con quién compartir su ausencia. Nadie alrededor mío hablaba de ella. Mis hermanas no la habían conocido. Estaba viva sólo en mi silencio.

Con el tiempo, mi dolor aminoró y también mi enojo. Pero me llevó varios años más acumular el valor necesario para hacer una nueva amistad.

El ritual del anillo

> Un día, yo vi un camino
> y me puse a caminar.
> Anduve, anduve y anduve,
> mezclando dicha y pesar.
> Atahualpa Yupanqui

Miro mi reflejo en el pozo de agua y me dejo llevar a ese verano en Monte Grande, en la casa-fortaleza construida gracias a los esfuerzos de mi abuela, donde nuestra familia pasó tantos veranos de vacaciones.

Mi hermana Anita estaba sufriendo con un orzuelo que le había aparecido en un párpado. Comenzó a rogarle a mamá que le prestara su anillo de casada por algunas horas. Frotando el anillo, el oro se recalentaba y al ponerlo sobre el orzuelo el dolor se aliviaba y el orzuelo, desaparecía. Lo habíamos comprobado muchas veces y nunca nos había fallado. Esta vez mamá se iba a la ciudad con papá por unos días y no sabía si podía confiar que Anita lo guardaría en un lugar seguro hasta su vuelta. El párpado se veía peor, más hinchado y rojo.

Ana persistía rezongando y arguyendo como abogada con tal poder de persuasión, que mamá accedió a prestarle el anillo por dos días. Con mis hermanos estábamos sorprendidos de que la hubiera convencido. Nos reímos junto con Anita, viéndola revolotear las manos para aquí y para allá para lucirlo y hacernos gracia.

Esa tarde nuestros padres se fueron y todos aprovechamos para salir a cabalgar. Anita se fue sola, caminando hacia el campo de los vecinos que quedaba a unas cuantas millas de distancia, para ver unos gatitos recién nacidos. Cuando volvimos a verla, venía llorosa, pálida, con ojos que parecían más grandes por el susto que traía. Había perdido el anillo. Sin saber cómo se le había resbalado del dedo. ¿Dónde? No tenía idea. "-Por allí", decía con voz de llanto y señalaba hacia la chacra vecina a lo largo del camino de tierra, más polvoriento ahora por los cascos de los caballos.

Organizamos una columna de seis, entre hermanos y hermanas. Como soldados, comenzamos a caminar hombro con hombro, cubriendo el trayecto en todo su ancho, dirigiéndonos hacia donde Anita había pasado la tarde. ¡Era un largo camino! Andábamos con los ojos pegados a la tierra, buscando arriba y abajo sin resultados. Cansados y muertos de calor, sudando por la concentración y los rayos del sol que todavía estaba fuerte, continuamos un buen rato más observando la tierra con ojos de halcón. Tomamos turnos para comer y beber y persistimos hasta el anochecer, en que abandonamos la búsqueda. El anillo de mamá estaba perdido dentro de ese colchón de polvo. Nos fuimos a la cama con los espíritus caídos y con poca fe de encontrarlo.

En medio de la noche nos despertó un tronar. La tierra se sacudía y los ruidos exteriores eran inauditos. Saltamos de la cama y corrimos a las ventanas. ¿Una tormenta? ¡No! ¡Mucho peor! ¡Los arrieros venían arriando ganado! El estampido de las bestias levantó un polvo espeso que nos hizo estornudar. Eran hordas de vacas y toros moviéndose con aprensión, bramando, mugiendo bajo la luna creciente. Los chasquidos de los lazos cortaban el aire. Podíamos escuchar las voces y la risa baja de los arrieros y olfatear el humo de sus cigarrillos. A través del cerco de ligustro que separaba nuestra casa del camino se adivinaban las sombras oscuras de los animales. Se empujaban golpeándose unos contra otros tratando de eludir los árboles que bordeaban el camino. Los toros embestían, bufaban, se topaban no sabiendo bien hacia dónde se dirigían. Los arrieros señalaban la dirección correcta con los gritos de ¡Ha, toro! guiando sus caballos a derecha o izquierda, presionando a los animales a seguir sus órdenes. Con un ataque súbito de pánico, nos alejamos de la ventana.

-¡El anillo! ¿Qué vamos a hacer ahora?

Desvelados, nos reunimos en una de las habitaciones y pasamos parte de la noche barajando estrategias. Decidimos ir a ver a Elvira.

En invierno, mientras estábamos en la escuela, Elvira y su marido Casimiro cuidaban la casa, los caballos y algunas gallinas. Le teníamos miedo a Casimiro, pero respetábamos a Elvira por su sentido común y su conocimiento del campo.

Las 4 hermanas Nieves, Marta, Ana María y Beba

Al otro día le hicimos saber nuestra presencia golpeando las manos al estilo campesino. Elvira se sorprendió al vernos y más al descubrir la miseria que traíamos retratada en los rostros. Le explicamos nuestro dilema. Mamá llegaría al día siguiente y el anillo perdido tenía que aparecer. Pero, ¿cómo? Nos miró por un rato como pensando qué hacer. Luego, entró en su casa y volvió a salir trayendo una escultura de un santo de buen tamaño. Lo presentó:

-Este es Santo Pilatos. El me encuentra todo lo que busco. Lo vamos a atar en el pozo y le daremos veinticuatro horas para que el anillo de su mamá aparezca.

Nos miramos unos a otros con absoluta sorpresa y perplejidad. En todos los años de pensionados católicos jamás habíamos escuchado al mentado santo y mucho menos sobre la original metodología para obligarlo a cumplir con el pedido. Pero estábamos vencidos y no teníamos nada que perder. En un segundo nos pusimos de acuerdo. ¡Vamos! Y seguimos a Elvira hasta el molino.

Con un pedazo de piolín atamos al santo boca abajo y lo bajamos por el pozo hasta que su cabeza quedó a un centímetro del agua. Elvira comenzó una especie de mantra:

-Santo Pilatos, aquí te ato,
si no encuentro lo que busco, no te desato.

Solemnemente, mirando al santo y a nuestro reflejo en el agua del pozo, tres veces repetimos este original encantamiento. Agradecimos a Elvira su ayuda con un abrazo, y con resignación, cabeza gacha, volvimos a casa siempre mirando el suelo, con absoluta falta de lógica, por si a Anita se le hubiera caído el anillo por allí... Luego, volvimos al camino.

Todavía había un poco de luz, cuando decidimos hacer un último intento. Juntamos nuestras fuerzas y una vez más nos pusimos a marchar en una columna densa, codo con codo, sobre el colchón de tierra dejado por los arrieros, las vacas y nuestros pasos. Seguimos hasta que se hizo de noche.

Con el corazón desanimado, fuimos a bañarnos, a comer y a la cama. Estábamos agotados y totalmente descorazonados. Todos nuestros esfuerzos habían sido vanos. El santo no nos tenía piedad. Nos acostamos malhumorados y con los ojos ardientes por la tierra y el calor. Al mediodía siguiente mamá estaría de vuelta.

Después de una noche inquieta, nos levantamos al alba y arrastrando los pies con desgano volvimos al camino.

En el horizonte, se veían nubes de polvo. Luego, distinguimos un carromato tirado por un caballo que se acercaba a toda velocidad. De pie sobre el carro, las riendas en la mano Elvira gritaba algo que no acabábamos de entender. Llevaba un brazo en alto. Nos detuvimos.

-¿Qué es lo que dice? ¿Oyen? ¿Podrá ser el anillo?

Comenzamos a correr en su dirección. ¡Oh, día glorioso! ¡Era el anillo! No podíamos creerlo. La bombardeamos con preguntas. ¿Cómo? ¿Dónde? Al parecer, los rayos del sol dieron en el oro del anillo y lo hicieron fulgurar. Elvira lo vio brillando al costado del camino y lo recogió.

Aliviados de la tensión, alborozados, hablábamos todos a la vez, riéndonos, llorando, felicitándonos por la idea de pedirle a Elvira ayuda. -¡Elvira es un genio! ¡Viva Elvira! Vitoreamos.

¿Y qué decir de Santo Pilatos? ¡Qué idea! Nos sentíamos como héroes después de haber ganado una ardua batalla.

Elvira puso el anillo en las manos de Anita y le ordenó guardarlo de inmediato en el cajón de la mesa de luz de mamá. Después había que desatar al santo y agradecerle.

Hicimos todo lo que Elvira nos aconsejó y nos reunimos al pie del molino. Esta vez nos reíamos y gorjeábamos como aves canoras incapaces de esconder la alegría infinita de haber encontrado el anillo, el alivio que sentíamos y el fin de tanta ansiedad y angustia.

Siguiendo las directivas de Elvira nos pusimos serios y con voces entusiastas repetimos tres veces:

--Gracias, bendito Santo Pilatos.
Encontraste lo perdido, ya te desato.

En procesión, saltando y bailando, llevamos al santo de vuelta a su nicho en lo de Elvira. Regresamos a casa con el corazón liviano y juguetón.

Antes de entrar, nos hicimos la solemne promesa de no decir una palabra, ni contarle a nadie las aflicciones por las que habíamos pasado. Todos mantuvimos la palabra hasta hoy, en que la he roto, para ti.

Lluvia verde

En esos tiempos
pasaban cosas
que no pasan ya...
Atahualpa Yupanqui

A causa de las tormentas que azotaran Buenos Aires, no nos habían llevado a la plaza, el pulmón de la ciudad, como era costumbre. Mi hermano Matías y yo nos veíamos descoloridos.

-A estos nenes les hace falta unos días de aire y sol antes de empezar la escuela- declaró mi madre y llamó de inmediato a su amiga Tula Plá que vivía en San Martín, un pueblo pequeño en las afueras.

Nos encantaba visitarla. Allí podíamos correr libremente a lo largo del paredón que rodeaba el monasterio adyacente a su casa. Fresas y moras salvajes crecían a lo largo del sendero. Descubríamos nidos de aves, flores y lagartijas. La abundancia de árboles añosos y enredaderas nos hacía imaginar un paraíso misterioso y secreto. Allí estábamos a salvo de recriminaciones y órdenes de los mayores. En bolsas que Tula nos daba recogíamos lo que después serían las mermeladas y dulces caseros para gozar a la hora del té. Un espíritu de aventura y conspiraciones nos animaba.

En la ciudad, solíamos jugar bajo los ojos vigilantes y las estrictas reglas de comportamiento de la institutriz que nos cuidaba. Las visitas a la plaza nos daba la oportunidad de jugar libremente por un rato, pero allí muy pronto nos metíamos en problemas. Soltando la mano de quien nos llevaba, trepábamos como ardillas a lo alto de los árboles, aún a riesgo de rompernos el cuello, por la alegría de gozar de un segundo de libertad desde las alturas. El guardián de la plaza nos tenía entre ojos y por un tiempo vedó la entrada a la institutriz hasta que nuestra conducta mejorara.

En San Martín, podíamos perdernos en largas caminatas, saltar, correr, jugar a las cartas con Tula, jugar al médico sin que nos reprendieran, oficiar de jardineros sembrando verduras para las ensaladas y rosas para los floreros. Por la tarde, con Matías hacíamos turno para darle vueltas a la manivela del fonógrafo. La púa saltaba como langosta sobre los discos rayados de puro viejos y nosotros antes de que se detuviera corríamos a animar la manivela de la *victrola* para ayudarla a continuar con su concierto. Al anochecer, dibujábamos o pintábamos acunados por las melodías que conocíamos de memoria mientras Tula bordaba con hilos de oro y plata las casullas para los sacerdotes del monasterio.

Tula

A veces ayudábamos a Tula a cocinar y lavar platos. Estos trabajos nos divertían porque en casa nos estaban totalmente prohibidos. Después Tula nos leía inspiradoras historias del niñito Jesús y de algunos santos cuyas vidas aventureras y crueles nos encantaba escuchar una y otra vez.

La estancia en la casa de Tula también estaba llena de sorpresas. Una mañana, después del desayuno, abrí la puerta para salir al jardín y vi algo tan extraño que comencé a gritar asustada por la visión que parecía salida de los cuentos de Grimm. El dintel estaba cubierto por ranas, sapos y escuerzos de todo tamaño y color. Apilados uno sobre otros, cubrían los marcos de la puerta, el jardín, los caminos. Todo. Era un mar verde y oscilante.

Alertada por mis alaridos, Tula salió a mi encuentro en camisón, pálida con sus blancos cabellos desgreñados en hebras volantes.

-¿Qué pasa? ¿Qué es esta conmoción?

Matías todavía en su pijama la siguió y los tres permanecimos boquiabiertos, con ojos desorbitados observando esta escena de pesadilla. Los cuerpos pulsantes y gelatinosos de los anfibios apilados por todas partes dejaban escapar sonidos extraños, una cacofonía desconocida de ronquidos, silbidos, chirridos. En nuestra experiencia urbana jamás habíamos escuchado esta formidable orquesta de altibajos, este diapasón primitivo de *croacs.*

Por temor a pisarlos, o a tropezar con los sapos, no queríamos salir de la casa. Claro que quedarnos dentro, todo el fin de semana, no era un panorama entretenido. Matías, siempre el *Príncipe Valiente* en nuestros juegos de aventuras, fue el primero en asomarse. Armado de una escoba, comenzó a perseguir y a barrer sapos y ranas hacia un zanjón que corría a lo largo de la calle.

Observando la bravura de Matías, poquito a poco fui ganando ánimo y salí al jardín. Tula, recuperada, peinada y vestida apropiadamente descendió los peldaños de la entrada y escoba en mano entró en función. Si yo fuera una de esas ranas, sólo su actitud de determinación me hubiera causado allí mismo un ataque al corazón. Los pobres anfibios no tenían idea de lo que se les preparaba.

Como Atila, rey de los hunos, Tula sacudía su escoba a diestra y siniestra como si fuera un hacha y *zas*! volaban las verdes criaturas por los aires y con un *plop* certero caían en el centro del zanjón, tan vivos como antes. Cerdas y pajas saltaban también con cada escobazo tesonero que Tula lanzaba con intento homicida. ¡Pobres ranas! Secretamente empecé a vitorear por ellas. Ojalá pudieran sobrevivir nuestros empeños de destrucción.

Los vecinos de Tula estaban ensañados en la misma ingrata ocupación. Todas las familias a lo largo de la cuadra con palas, baldes y escobas barrían sapos, ranas y escuerzos de todo tamaño y forma. Los autos andaban a paso lento por la calle por temor a patinar sobre los pellejos resbaladizos de los batracios. Los niños se apilaban en las ventanas para ver el fenómeno. Las preguntas corrían como fuego: -"¿De dónde salieron? ¿Quién los vio primero? ¿Cayeron de una nube? ¿Y en qué momento?" Nadie tenía una respuesta. Sólo se sabía que durante la noche una lluvia pasajera había regado el pueblito. Un vecino borrachín juró que las había visto caer, pero nadie le creyó. Si llovieron sobre el pueblo ¿cómo no quedaron hechas puré sobre el empedrado, los campos, las veredas, los zanjones? Se veían "vivitas y coleando" y bien que saltaban para eludir los escobazos. No había como confundirlas con los muertos.

Pasamos la mañana entera barre que te barre hasta pasado el mediodía cuando el hambre era como un garfio en el estómago. La mayoría de los anfibios descansaban ahora apilados a lo largo de la zanja. Estaban tan agotados como nosotros y tal vez aterrados. Entramos a la casa para limpiarnos, comer algo y tomar un largo descanso.

Un requisito de Tula era la siesta después del almuerzo. No había término medio. ¡A descansar, o si no...! Era la hora indicada para soñar, leer o escribir. También para sacar el mazo de cartas y jugar al solitario hasta que el sueño nos venciera y no quedara más que sestear. Ese día no hubo que rogarnos. Caímos como palitroques, uno detrás del otro.

Cuando despertamos, comenzamos otra vez a barrer animales y más animales. Para entonces, los chicos del barrio habían inventado un juego cruel: *a ver quién puede matar más sapos*. Me horrorizó el jueguito, pero los hijos del vecino habían echado el reto y no podíamos eludirlo. Traté de arrojar algunas piedras pero tuve que ceder apenada y revuelta por la forma injusta en que eliminábamos criaturas inocentes.

Me echaron del grupo con frases humillantes:

-"¡Perdedora, cobarde, capitalina!"

Me escapé. Desde la casa, escondida detrás de la ventana los miraba probar su puntería. Mi hermano se decepcionó de mi cobardía. Por orgullo, él hubiera continuado hasta el final. Matías detestaba perder y prefería, claro está, hacerse de un nombre con los chicos de la cuadra. Pero con una hermana tan timorata y zonza no había manera de salir bien. Así que continuó compitiendo con los vecinos hasta que agotado y hambriento se dio por vencido.

En casa de Tula la hora del té o del chocolate caliente era tan sagrada como la siesta, pero mejor. Siempre nos preparaba sorpresas: tortas, tartas, bizcochos y las famosas tostadas de pan lactal con mantequilla y mermeladas caseras. Era un momento glorioso. Rápidamente olvidábamos el cansancio del día.

Cuando llegó el lunes, era ya tiempo de volver a la escuela. Hubiéramos querido prolongar la estadía, pero no había cómo. Las clases comenzaban con nuevos alumnos, tareas y responsabilidades.

Cuando partimos, todavía se oía el concierto de los batracios aunque bastante más debilitado. Muchas familias de San Martín vivían con presupuestos ínfimos así que no sorprendió a nadie que muchas ranas terminaran fritas en una sartén, convertidas en el plato fuerte del día. Esto explicó también la disminución de anfibios en la calle. ¿Pero cómo explicarse de dónde habían llegado? No había ningún argumento lógico o biológico que aclarara cómo habían aparecido.

Cuando años más tarde leí que muchas especies de ranas estaban en peligro de extinción, recordé ese día en San Martín donde llovieron por millares. La extraña sinfonía con que nos agraciaron fue más fascinante y mágica que la de los conciertos en los discos rayados de la vieja *victrola* de Tula.

Los cumpleaños de Buenos Aires

El corazón es un arco,
Casi no cabe en el pecho.
Atahualpa Yupanqui

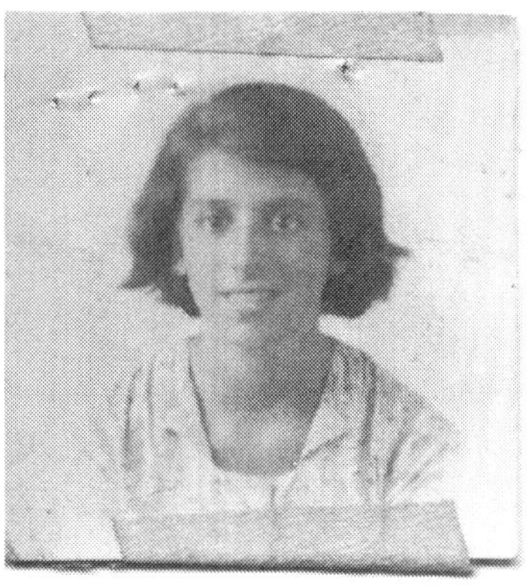
Suni, a los catorce años

Se necesitan magias y ensueños para acunar la vida. La llegada del cumpleaños es un tiempo lleno de expectativas. ¿Qué nos van a regalar? ¿Cómo nos van a celebrar? ¿Cómo seremos tratados ese día en la escuela y más tarde en casa? Son misterios que no nos dejan pensar en otra cosa. Hasta dormir se hace difícil. *Mañana es el día,* nos decimos y ya estamos soñando despiertos.

En casa se festejaban con una fiesta. De alguna manera, siempre ocurría algo extraordinario. Yo tenía la mala suerte de que mi fecha cayera en Agosto, en invierno. Todavía hacía un frío tremendo y siempre había alguien enfermo o engripado. Nadie tenía muchos deseos de salir a celebrar. Por suerte nosotros teníamos a mi tía Susana. Ella vivía en casa, tenía una imaginación sin fronteras y se las ingeniaba para hacernos sentir felices, con o sin invitados.

A la llegada de nuestros cumpleaños, tía Susana excedía todas nuestras esperanzas. Sabía hacer trucos de magia y era además prestidigitadora, es decir, con toda facilidad y sin que nadie pudiera adivinar cómo movía sus manos con destreza y objetos diversos aparecían o desaparecían como por encanto.

Para el que cumplía años, la llegada de los amigos, los regalos, el chocolate con vainillas y la torta de cumpleaños eran tan sólo una distracción momentánea. La mayor ilusión era asistir a la sesión de magia preparada por Tía Susana, nuestra *Tiásu.*

Para incrementar nuestra ansiedad, todo se desarrollaba por pasos. Primero había que prepararse y luego recibir a los invitados. Bañados y cepillados hasta sacarnos lustre, el pelo perfumado, las piernas amoratadas por el frío invernal, con vestidos de encaje o broderí cortitos y desmangados, recibíamos juiciosamente a los amigos. Nuestros desfachatados compañeros de escuela también se veían transformados en príncipes dentro de ricos trajes con olor a tintorería, pelo lacio de gomina y almidonadas camisas o vestidos. A veces, a través de los rulos y los tirabuzones de las niñas-hadas, el cabello dejaba escapar un leve tufillo a quemado provocado por tijeras de enrular demasiado calientes. Aunque costaba bastante mantenernos tranquilos hasta la llegada de los invitados, al tiempo de la fiesta, con zoquetes blanquísimos y zapatos lustrosos, cintas y encajes en las faldas o en los cabellos, nos desconocíamos.

Según fuera la edad del agasajado, Tía Susana se transformaba en La pitonisa, La maga, La bruja Cachavacha, Carmen la gitana, o en el misterioso Doctor Fu-Manchú a quien conocíamos y admirábamos por haberlo visto en las películas de la matinée de los domingos, en el cine de la esquina. Allí nuestro doctor chino reinaba junto con el Llanero solitario, el Arquero verde, el Zorro, Tarzán de los monos, Sandokán el pirata de la Malasia y Alí Babá y los cuarenta ladrones. Era un mundo de aventuras que nos encantaba y Tiásu sabía cómo transformarlas e involucrarnos en cualquiera de ellas.

Bajo la mirada vigilante de los mayores devorábamos sin disimulo las masitas de colores y nos quemábamos la lengua con el chocolate hirviente por temor a perdernos la hora de la magia.

En cuanto acabábamos de atiborrarnos con chocolate con vainillas, tortas de dulce de leche, sandwiches y bizcochos, se retiraba la mesa principal a un costado, nos sentábamos en la alfombra con las piernas cruzadas, el salón se oscurecía y aparecía un personaje que nos fascinaba y conocíamos muy bien. Impecablemente trajeado en raso color azul profundo, ojos rasgados, con un gorro corto y bigotes muy largos hablando un español con acento de otros mares, las manos invisibles dentro de las anchas mangas de su kimono, el noble caballero se presentaba a su audiencia doblegando la cintura:

-Soy Fu-Manchú.

Bajo el poder de su magia, las monedas se hacían invisibles

y un segundo después salían de la nariz de un invitado, de sus cabellos, o de su cuello. Sacaba barajas, removía las pilas de cartas y adivinaba los números que habíamos visto, *Ocho de corazón*, y no se equivocaba. Bajo el poder de un encantamiento dicho por Fu-Manchú, sogas, que alguien del público infantil acababa de cortar, se unían milagrosamente y luego con otro encantamiento volvían a desunirse, dividirse y multiplicarse.

Otras veces Fu-Manchú, La maga, o Carmen la gitana tenía a su lado a un pirata con parche en un ojo y espada dorada de madera y a una joven con turbante y aretes de oro, en quienes podíamos reconocer fácilmente a alguno de mis hermanos. Matías y Marta eran sus ayudantes favoritos. En ocasiones la entrada en función de Tía Susana era anunciada en voz alta por sus ayudantes:

-¡La bruja Cachavacha!

En la sala entraba entonces una mujer de boca color violeta que parecía alta por los zapatos de tacones que calzaba adornados con hebillas de plata y el aludo sombrero negro sostenido como pirámide sobre su cabeza. Envuelta en un manto oscuro salpicado de estrellas plateadas que llegaba hasta el suelo, su presencia nos dejaba boquiabiertos y expectantes. ¿Qué se traía entre manos? ¿Con qué nuevos trucos alegraría la fiesta? Nuestros invitados, que no estaban acostumbrados a las fantasías de Tiasu, estaban azorados. ¿Quién era la bruja? ¿Cómo había llegado hasta esta casa? Estiraban los cuellos para no perder nada e inconscientemente se iban acercando a mi tía hasta que los ayudantes los mandaban a sus sitios con un tajante:

-¡Atrás villanos!

De un enorme cofre dorado, Cachavacha sacaba misteriosos objetos: cartas de quiromancia, pañuelos de gasa, bolitas, pelotas rayadas, banderitas, monedas de cobre y una varita blanca. En ella se prendían los ojos de todos. Allí residía el poder de Cachavacha.

Al golpe de su varita mágica, aparecían y desaparecían conejos, mariposas, una pecera con un pez multicolor y cola de abanico. La atención y también la admiración se dividían entre el personaje principal y sus eficientes ayudantes. La función nos entusiasmaba tanto, que aún después de haber terminado nadie se movía de su sitio.

Nuestra alegría infantil quedó prendida en una tía que se

tomó el trabajo de hacerse maga para alegrar las fiestas de cumpleaños de sus sobrinos y abrir para ellos un mundo nuevo a la imaginación y al ensueño.

El sabor del anís

Siempre digo que el amor
es la consigna secreta.
Aquello que no se nombra
para que nunca se pierda
Atahualpa Yupanqui

Un episodio controvertido me demostró el conocimiento que mi tía Tiásu poseía de la psiquis infantil y de la confianza que depositaba en mí.

Estaba un día Tiásu en tertulia con una amiga visitante a la que acababa de convidar una copita de licor anisado, cuando entré yo. Curiosa como siempre, le rogué que me dejara probarlo. Me pareció el sabor más exquisito del mundo. Ese dulzor que me había picado la garganta había provocado sensaciones palatales nunca antes conocidas.

No habían pasado dos días que, aprovechando la cercanía de mi cumpleaños, le pedí a Tiásu un inmenso favor:

-¿No me regalarías una botella de anís? ¡Quiero probarlo otra vez más!

Tiásu un poco sorprendida y tal vez divertida con mi absurdo ruego, me explicó con una sonrisa amable que era una bebida para grandes y para convidar, muy de vez en cuando, a los amigos.

-Pero, Tiásu, ¡yo soy tu amiga! Dije con pasión y lógica irrebatibles. Y agregué seriamente:

-Además va a ser mi cumpleaños.

Al ver mi expresión, se apiadó de mí y pronto llegamos al siguiente acuerdo:

-Te voy a regalar una botella de anís que acabo de comprar, pero la voy a guardar en lo alto de esta biblioteca. Me tenés que prometer que cuando desees tomar un sorbito, me vas a avisar y yo te voy a dar un poquito nomás. Nunca la vas a alcanzar o a abrir vos solita. ¿Estamos?

La abracé con el más grande alborozo. Le prometí a todo que sí y con reverencia asistí a la colocación de mi botella en lo alto del mueble, cercana al techo.

Ese día, a cada rato, iba al cuarto de Tiásu a comprobar si era verdad que yo era ahora dueña de mi ansiada botella de anís. Entraba a la carrera y le pedía que me diera un traguito. Tiasu no me decía nada y me daba un diminuto sorbo. Así pasó toda una tarde.

Al día siguiente, el alma tranquila en la seguridad de que la botella era solamente mía y podía beber de ella cuando me diera la gana, la olvidé por completo. Si alguna vez volví a preguntar por el licor, Tiásu debe haberme dicho que ya me lo había terminado porque nunca más recordé la botella de anís o su mágico sabor y nunca más volví a sentir deseos de beberlo. La obsesión así como llegó se deshizo como una burbuja. Pienso que si me hubiera negado entonces el anís, éste hubiera quedado en mi vida como una idea fija a la que tarde o temprano hubiera vuelto, en detrimento mío.

A mi madre este cuento siempre la molestó y sólo sirvió para intensificar la tirria que le tenía a Tía Susana. El efecto que tuvo en mí fue opuesto. Esta experiencia sirvió para reavivar mi devoción por la única persona que parecía comprenderme y apoyarme sin fallar: mi tía Tiásu.

Alias, *La Nata*

...Sabe del nido tibio
y del niño que espera,
del amigo lejano,
del camino que duele...
Atahualpa Yupanqui

-¿*La Nata?* ¿Qué clase de nombre es ése...?

Me preguntó abuela deseando como siempre resguardarme de las posibles influencias de algún Zutano o Perengano sin linaje conocido. Se suponía que debía erradicar de mi vida toda persona sin reconocido lustre social. En este caso particular, sin embargo, La Nata no era mi amigo, sino mi enemigo.

Como diría una tía, *era feo como un pecado* y sus hebras, rojas como el fuego, a ratos le cubrían los ojos como una cortina que se abría o cerraba según soplara el viento. Era flaco y largo como caña de pescar, rápido como una pantera y bien perverso. En mi opinión, su cobardía era su característica más consistente. En la escuela perseguía implacablemente a los chicos más pequeños de tamaño y más indefensos. En Inglés diríamos: es un "bully".

Ya a los nueve años carecía de la más mínima tolerancia hacia los abusadores. En particular no soportaba a La Nata. Decidí mantener un ojo alerta y esperar el momento propicio para hacerle pagar todas las maldades y malos ratos a los que nos sometía.

La Nata se dio cuenta de que lo estaba observando y se esponjó. Me miraba, hacía bromas de mal gusto, se contoneaba y me demostraba sus habilidades saltando vallas y corriendo carreras alocadas para impresionarme. En el recreo, su vozarrón beligerante acallaba a todas las otras voces mientras iba como un tornado dando vueltas por el patio, tirando piedras y pelotitas a las piernas de las chicas, tironeándoles las trenzas, arrebatándoles los bolsos de libros y en general actuando como un redomado imberbe, escaso de razón.

Como una araña, yo esperaba pacientemente a que llegara el día de saldar cuentas.

Era lunes. Hacía bastante frío y llevábamos los sacones puestos. Debido a la ausencia de una maestra, nos pidieron cambiar clases así que salimos al recreo cargando a la espalda el peso abrumador de nuestros bolsones repletos de libros y útiles. En el patio había una gran conmoción. La Nata tenía acorralada a mi amiga Julita y le estaba tirando conos de pino a las piernas. Ella lloraba compungida mientras La Nata le hacía burla y la acribillaba cada vez con más puntería y precisión. Julita parecía una langosta dando saltos, tratando de evitar los proyectiles que siempre daban en el blanco.

Me encontré frente a esta escena y vi rojo. Sin pensarlo, corrí hacia La Nata y con toda la energía de mi furia le di con la bolsa de libros en el costado haciéndole perder el equilibrio. Tomado de sorpresa pareció perder la orientación y cayó cuan largo era en el medio del patio. Antes de que se repusiera volví a rematarlo con la bolsa y le tiré los conos que los chicos del patio me iban dando. Imitando a mis hermanos le grité para que todos oyeran:

-¡Cobarde! Si te veo otra vez molestando a cualquier chica, *date por muerto*. Entre todos te dejamos *hecho puré*. ¿Entendiste?

A los alumnos les encantó que yo los incluyera en el desafío y pegaron un alarido aprobatorio.

La verdad era que La Nata no tenía muchos amigos. Los pocos que se le acercaban lo hacían por temor y porque preferían pasar por amigos. Nadie aprobaba su comportamiento. Para peor, él era el mayor de la escuela.

No fueron ni las palabras, ni los golpes los que detuvieron a La Nata, sino la humillación pública de haber sido desbaratado por el bolsón de una chica. Los alumnos se regodeaban contando la historia en gran detalle. En unas semanas el episodio se había agrandado y transfigurado. La Nata parecía cada vez más villano y mis amigos del patio más heroicos. Yo no figuraba en el cuento para nada.

Hasta ese momento nadie se había atrevido a confrontar a La Nata o a poner límite a sus acciones. Siendo la primera que en su corta vida lo contuviera, hizo caer a La Nata en un amor por mí fulminante e imposible. La Nata se transformó en un joven de trece años consumido por su primer amor.

Nos dimos cuenta del cambio cuando apareció por la escuela con sus greñas perfectamente engominadas y en su sitio. A las carcajadas y bromas que provocó, las contuvo La Nata con unos cuantos puñetazos bien puestos. Después comenzó una retahíla de buenas acciones. Nos dejó tan azorados, que no dijimos esta boca es mía. Nos hicimos los tontos. Ofrecía a las niñas el único asiento que había en el patio y que era su trono. Ayudaba a los nenes a subir a las hamacas y a saltar a la soga. Se ofrecía a cargar los bolsones. Estaba irreconocible.

Cada buena acción era seguida por una mirada en mi dirección a ver si notaba sus esfuerzos. Los veía, pero hacía como si no los viese. Quería que probara una dosis de su propia medicina a ver qué tal le caía. Ahora era yo la que me estaba volviendo ruin.

La Nata comenzó a enviarme notitas. En la primera, llena de faltas de ortografía, se disculpaba por haber elegido a Julita de puntería. Como no había ni un gramo de remordimiento por su mala acción, me molestó todavía más. En la segunda nota, explicó que deseaba ser mi amigo. En la tercera, ofrecía llevarme el bolsón a la salida de la escuela, además de compartir su almuerzo conmigo. En la última nota, cobró valor y me confesó su amor.

Mientras tanto en la escuela todos le hacían burla a escondidas. Su incipiente amor era el tema de incansables chistes. Fingiendo inocencia, con la voz en cantilena decían:

-"*¿Es amor con A mayúscula o el golpe del bolsón lo que lo cambió? ¡No! Son los libros los que iluminaron su durísima cabeza y remecieron su inteligencia. Así que...¡dale por la cabeza otra vez"!*, se carcajeaban.

La Nata era el punto de todas las bromas y los chistecitos se estaban convirtiendo en un fuego contagioso que se iba extendiendo sin control.

Me empezó a dar pena y remordimientos.

Para no prolongar este estado de cosas, comencé a hablarle a La Nata como si nada hubiera pasado. Al tiempo mis amigos lo aceptaron como a uno más del grupo y La Nata dejó de ser el centro de los dardos.

Nunca llegamos a ser verdaderos amigos, en parte porque se me hizo intolerable la persecución sin descanso de sus ojos de perro manso. Al menos siempre nos tratamos en forma civilizada.

De este episodio con La Nata aprendí que una dosis de amargo y dulce, bien dosificada, ayuda a suavizar el carácter y trae a la superficie lo mejor que uno guarda en el fondo del corazón.

No pasó mucho tiempo y La Nata se mudó con su familia a otro barrio. Acabada la primaria, entré a un colegio de monjas, lejos de la escuela para comenzar el Bachillerato y nunca más lo volví a ver. De vez en cuando, me pregunto qué se habrá hecho de él. Recuerdo entonces su larga figura y su rostro de ojos melancólicos enmarcados por una pelambre en llamas, que a ratos parecía arrebatada por un viento infernal.

La canción de *Hanukkah*

A veces el llanto se vuelve
canto en el andar.
Atahualpa Yupanqui

En el sexto grado yo era una joven solitaria, reflexiva y poco feliz. La música era el único lenguaje que hallaba eco en mi alma. Me hacía falta algo, pero no sabía qué era. Así andaba desganada y aburrida con mis circunstancias.

Era poca la gente que de veras "quería" porque pensaba que me entendían: mi amiga Vicky, ausente dbido a su enfermedad reumática, Rosa la mucama de mi abuela, mis tías Tiasu, Ro y mi Padrino. Por supuesto que adoraba a mis hermanos, pero eran eso, hermanos, siempre estaban allí, nos conocíamos de memoria y a veces nos enredábamos en trifulcas tontas. Fue entonces cuando apareció Miriam.

La primera vez que la vi, fue en el recreo. Con un moño blanco en lo alto de su cabello negro y otro en el delantal nítidamente almidonado, parecía a punto de elevarse por los aires. Al grupo de amigas que formábamos Vicky, Marina, Eloísa y yo, nos dejó boquiabiertas.

-¿Y ésa? ¿De dónde salió? Fue el comentario de Eloísa.

Aunque los delantales blancos eran parte del uniforme de las escuelas públicas en Argentina, los nuestros se veían arrugados y a veces lucían manchas de tinta. Era *canchero* dejar los cinturones caer a los costados con desgano, sin amarrar. El lazo de Miriam era impecable. Como si estuviera en el País de las Maravillas se la veía volar por el patio de un grupo a otro hablando amistosamente con cada chico. Conocía a todos y todos la saludaban con cariño. Sería lindo ser así.

Hasta ese momento, mi trío de mosqueteros me había mantenido bastante ocupada, pero con Vicky ausente la mayor parte del tiempo,, ya no tenía con quién intercambiar ideas.

Marina y Eloísa venían de una clase privilegiada, pero en contraste con Vicky eran engreídas y ello nos llevaba a peleas y discusiones que no acababan nunca. Como mi abuela conocía a sus padres, me había instado a hacerme amiga de ellas. Para mi mal, la abuela de Eloísa jugaba bridge con la mía lo que le hacía suponer a mi abuela que en nuestra amistad con Eloísa no habría trabas. "Es una niña de excelente familia, de raíces inglesas por el lado de su madre", comentario que me enfurecía y me alejaba aún más. Pero como Eloísa y Marina eran íntimas, si estaba con una, tenía que estar con la otra. Estaba atrapada. Las dos se la pasaban criticando, *sacando el cuero* de quien se les cruzara en el camino. Por el contrario, en mis charlas con Vicky aprendía sobre famosos poetas y escritores madrileños amigos de su familia, que yo no conocía. Su ausencia era dolorosa.

En el patio todos estábamos de acuerdo en que Miriam tenía luz por dentro. Siempre se la veía alegre y relajada. Con sus mejillas rosadas de excitación parecía creer que la vida era una aventura perpetua. Su rostro luminoso y sonrisa de felicidad eran contagiosos. Me entretuve en observarla. Era amable con todos, ayudadora y humilde. Acostumbrada a los aires de reina de Marina y Eloísa, la sencillez de Miriam era una sorpresa. Sus cuentos y conversación entretenida, tan diferente de las de nuestro trío, me decidió a acercarme y a tratar de ganar su amistad.

Miriam había leído mucho para su edad y conocía autores españoles y extranjeros. Sus padres eran judíos inmigrantes, que habían escapado de la guerra con sus vidas y perdido muchos familiares en las redadas de Hitler. Su familia vivía su religión y celebraba sus fiestas con rituales para mí completamente desconocidos y fascinantes. Su joven visión de la vida me abría ventanas a otros mundos. Comparada con ella me veía ignorante y superficial. Miriam, por principio, nunca criticaba ni hablaba mal de nadie. Conocía al dedillo las figuras bíblicas y podía recitar versos y dichos sabios y profundos, relevantes aún para nuestra limitada experiencia de la vida.

Nos hicimos muy amigas a pesar de las rabietas, celos y envidias de Marina y Eloísa que no querían saber nada de Miriam. -"Te está acaparando", decían... Vicky apreció su compañía, pero debido a sus frecuentes ausencias, perdió la oportunidad de llegar a conocerla mejor.

Como Marina y Eloísa trataban despreciativamente a Miriam, abandoné su compañía y me hice de nuevas amigas: Lidia Inés Pepe, la hija del portero de la casa de mi tía y Juana Emilia Isaacs, cuyo padre era el zapatero del barrio. Lidia era una jovencita delicada con modales exquisitos, como diariamente nos los hacía notar nuestra maestra favorita, la señora Margarita Schiaffino. Juana era ruda, brusca y decía todo lo que se le pasaba por la cabeza, pero tenía un gran corazón. La franqueza de Juana era refrescante después de las mentiras sociales e hipocresías a las que me tenían acostumbrado las otras chicas.

Estaba encantada con mi nuevo círculo de amigas. Mi pesadumbre y desgano habían desaparecido. Esto duró hasta el día de mi cumpleaños.

Como era costumbre en mi familia, tendría una fiesta de celebración con chocolate caliente con canela, torta de dulce de leche y chocolate y *sandwiches* estilo argentino de tomate, lechuga, de pavita, de huevo duro picado, o jamón y queso entre dos lajas finitas de miga de pan. Algunos eran de dos y otros de tres pisos. Yo estaba en la gloria,

Hasta entonces mis fiestas de cumpleaños habían sido un fracaso, *un opio* como decíamos con mis hermanos. Se invitaba a los hijos de las amigas de mamá y a parientes desconocidos. Cuando la fiesta estaba en su apogeo porque el almidón del primer encuentro se había desplanchado un poco, venían las nodrizas e institutrices o las mamás y se llevaban a los invitados. Así no había cómo hacer amigos.

Esta vez, yo tendría una fiesta con mis amigas predilectas. Para satisfacer a mi abuela puse a Eloísa en mi lista, pero con picardía le agregué seis apellidos que había escuchado en un programa de radio de la famosa comediante Catita. Su nombre era ahora: Eloísa Bedoya Argüello de Picos Pardo Sunzué Rostón. Con mis hermanos, a carcajadas y llorando de risa, repetíamos sus nuevos apellidos.

Mis amigos llegaron vestidos de punta en blanco y trayendo regalos como los Reyes Magos. El corazón me latía de puro susto y entusiasmo al comprobar que tenía verdaderos amigos, míos propios, que habían venido expresamente a visitarme.

No recuerdo bien los presentes que recibí ese día y también olvidé los juegos y cantos. Pero hubo dos regalos que no olvidé nunca. Los dos eran de Miriam.

Hasta entonces nadie me había regalado un libro que fuera solamente para mí. En los recreos de la escuela habíamos hablado con Miriam de las novelas de Luisa May Alcott que ella conocía bien y para mi deleite me traía *Mujercitas* y *Hombrecitos*. ¡Dos libros! Yo sabía que sus padres no tenían medios suficientes para gastar en regalos. Esta atención me demostraba su aprecio y consideración a mis anhelos. Me hacía sentir inteligente. Dentro de la cubierta Miriam había escrito: *Que estos libros sean el comienzo de la biblioteca con la que sueñas.*

Ahora sí que había dado un paso hacia la madurez. Acababa de cumplir trece años y me sentía completa y feliz.

En medio de la fiesta, me imagino que con el propósito de escudriñar en el pasado de mis amigas, mi abuela tuvo una conversación privada con cada una de ellas. Yo me estremecí, pensando que iba a examinar su árbol genealógico como si se tratara de una compra de caballos. Traté de rechazar de mi pensamiento tal escena.

Al día siguiente, mi abuela me invitó a su habitación. Me explicó con voz amable que se alegraba que hubiera disfrutado mi fiesta, pero que era la última vez que invitaba a mis nuevas amigas. Miriam, Lidia y Juana no eran para mí. Además ellas se sentirían siempre fuera de lugar en mi compañía.

-¿Cómo, fuera de lugar? ¡Si nos queremos como hermanas, nos llevamos regio y ni siquiera hemos tenido una pelea o una discusión!

No hubo caso. La decisión de abuela era terminante. Terminé roja de ira, llorando a los gritos y jurando que jamás volvería a poner los pies en su dormitorio. Cumplí mi promesa. Un año más tarde cuando abuela se agravó tampoco entré en su habitación. Para mí, abuela había disuelto mi felicidad e intimidado a mis amorosas, inteligentes amigas, muchachas buenas y leales. Con determinación desterré para siempre de mi vida a Marina y Eloísa. Vicky permaneció siendo la única amiga que me quedó.

Sin yo saberlo todavía, tal como lo había hecho mi abuela, mamá iba a intentar deshacer mi amistad con Vicky, objetando que fuera hija de padres españoles *rojos*. Pero para entonces yo era otra persona, más madura, más segura y suficientemente fuerte como para defender una amistad que habría de durar toda una vida.

Así que murió abuela, cumpliendo su pedido, me inscribieron en un colegio privado de hermanas alemanas, el Colegio Mallinckrodt. Mi pubertad había terminado. Era ahora una quinceañera en camino a transformarme en una señorita triste y furibunda.

Muchas cosas pasan en el curso de una vida. Sus huellas permanecen indelebles. Logré muchos sueños que elaboré con Miriam. Aunque perdí todo contacto con ella, un día me encontré escribiéndole esta carta que, claro está, nunca llegué a enviar:

Mi querida Miriam:

Estamos celebrando Navidad y Kwanza y me pareció apropiado recordar Hanukkah también. Es a tu nombre y a la memoria de nuestra inolvidable amistad que dedico: Las velitas de Hanukkah. La he compuesto bilingüe para que todos en mi clase puedan cantarla. No quiero que algún alumno se sienta excluido o mal acogido como puedes haberte sentido tú y nuestras amigas en el pasado. Tú fuiste, Miriam, la velita encendida en mi ventana. Esta es tu canción:

Una velita, dos velitas, tres velitas
Para celebrar

Cuatro velitas, cinco velitas, seis velitas
Para celebrar

Coro
Hanukkah, Hanukkah,
Hanukkah, para celebrar

Siete velitas, ocho velitas y una en el centro
Enciende las demás (Coro)

Con la Menorah, latkes de papas,
trompos de barro, para celebrar (Coro)

Con la familia, con los amigos,
Con los regalos, para celebrar (Coro)

Tal vez, algún día sabrás que la semilla que plantaste multiplicó los frutos. Soy una lectora fanática y tengo mi propia biblioteca. La educación, la literatura y la música han sido mi carrera y mi vida. Hasta tengo una vecina llamada Miriam, como tú.

Estás en mi corazón para siempre.

Tu gran amiga,
Suni

El extraordinario invento de tío Emilio

> La partícula cósmica
> que navega en mi sangre,
> es un mundo infinito
> de fuerzas siderales...
> Atahualpa Yupanqui

Decían que se parecía a un actor de cine. Lo cierto es que desde los cuatro años de edad, tío Emilio tocaba el piano de oído con virtuosismo, desde tangos a conciertos de Chopin y Rachmaninoff. A los doce, le bastaba con escuchar una pieza un par de veces y ya sabía qué acordes se necesitaban. Después los reproducía con perfección como si estuviera leyendo una partitura. Sin embargo, su madre, que era mi abuela, no estaba impresionada. Si jamás había ganado lo suficiente con sus talentos ¿de qué le servían?

Tío Emilio sin embargo se las ingenió para vivir modestamente como empleado del Correo Central de día y de noche tocando el piano. En almuerzos que reunían a toda la familia menos a él, se le criticaba abiertamente. A veces, su nombre sobresalía en una charla familiar asociado generalmente a una situación a la que se referían en murmullos, para que la gente menuda no se enterara. Todos éramos lo suficientemente despiertos como para detectar que tío Emilio hacía algo que no era socialmente aceptable.

Se había separado de tía Rosa, nosotros le decíamos Tiarro, a quien todos adoraban. Ahora vivía solo y por las noches tocaba el piano en bares y clubes nocturnos. En mi niñez, esos lugares no se veían con buenos ojos. Otro motivo de crítica acerba y revelaciones secretas, era su elección de amistades femeninas. Sus amigas jamás eran invitadas a las fiestas, casamientos o aniversarios de la familia.

Nunca conocimos personalmente a ninguna, pero sabíamos algunos nombres, porque se les escapaban a los adultos más parlanchines en cuanto se bebían algunos tragos. En algún momento oímos que se había casado por segunda vez en el Uruguay, pero nunca nos presentó a su supuesta esposa. Se suponía que de ella tenía un hijo o una hija, pero nunca llegaron a casa ni se habló de ellos en voz alta. Cuando tío Emilio venía de visita, mis hermanos y yo por delicadeza, nunca le preguntamos nada. Era mejor no meterse en enredos.

Aunque deseábamos ver a tío Emilio, él no nos visitaba con frecuencia. Venía muy de vez en cuando por unos segundos a saludar a su madre y se iba dejando una estela de olor a colonia y cigarrillos rubios. Eso sí, antes de irse se sentaba un rato en el piano de media cola que ocupaba casi toda la salita de música y tocaba uno de sus tangos originales. Podía crear milagros de sonido con destreza y precisión. Sus sentidas melodías nos rompían el corazón y se nos quedaban en el oído por días. Los chicos estábamos totalmente de su parte. Lo admirábamos por su música y su oído descomunal, aunque a la vez nos apenaba su falta de éxito en la vida. Sus amigos músicos lo consideraban un genio, lo querían con el alma, lo admiraban sin disimulo y se lo repetían a mi padre, tanto como podían, para levantar la imagen que él tenía de su hermano menor.

A veces llegaba a alguna celebración íntima conminado por su madre. Era más bien una orden, que una invitación. Ese día, abuela deseaba ver a toda la familia reunida para una comilona y entonces nadie se atrevía a faltar. Se hacían memorables cuando tío Emilio dejaba oír en las teclas sus mejores creaciones.

Con el tiempo descubrimos que además tenía talento de inventor. Su mente nunca descansaba. Tío Emilio estaba convencido que algún día uno de sus inventos lo haría millonario. Con gran sacrificio, pagaba y acumulaba patentes de sus invenciones.

Un mediodía, mi abuela invitó a toda la familia. Esta vez, tío Emilio había elaborado una máquina maravillosa y nos iba a dar una demostración de su uso. El domingo fue el día elegido para la presentación. Al lado de la mesa de los adultos se abrieron dos mesas extras para acomodar a la chiquillería, es decir a los primos hermanos y nietos, que vendrían acompañados de sus padres a participar del banquete familiar.

Abuela elaboró un menú lleno de delicadezas palatales y ella misma se encargó de decorar los platos de entrada, otros dos principales y el postre. Para la ocasión los mucamos llevarían uniforme. Todo relucía. Podíamos ver nuestro reflejo en los platos de Limoge, en los cubiertos de plata, jarros y copas de cristal.

Una vez que nos instalamos alrededor de la mesa del comedor y en las adyacentes, el nivel de las conversaciones aumentó unos cuantos decibeles.

Los mayores tomaban vinos exquisitos y los niños jugos de variados colores preparados de acuerdo a nuestros gustos. La anticipación de la revelación del invento apenas nos dejaba disfrutar del almuerzo.

Después de los postres, los platos fueron reemplazados por delicadas tacitas de café. ¡Hasta los niños podríamos beberlo! La invención de tío Emilio era una máquina para hacer café. Ya la había probado con sus amigos y funcionaba perfectamente. No lo sabía yo, pero muchos años más tarde, ya adulta, me encontraría en Nueva York bebiendo lo que entonces se llamó *Café de Bola* preparado en una de esas máquinas. Por el momento nadie había oído que existiera algo semejante. Ese invento no se había hecho.

De una caja, el tío Emilio sacó una singular maquinaria. Era de metal plateado sujetando dos bolas de vidrio. Una en lo alto y la otra por debajo se conectaban por un tubo. En una de ellas tío Emilio puso el café ya molido y en la otra, agua. Debajo acomodó un pequeño mechero de una sola llama. Luego mi tío pidió unos fósforos y comenzó a explicar en detalle su mecanismo. Al calentarse la bola inferior, el agua subía pasando por un tubo de vidrio y caía sobre el café que corría a ocupar la segunda bola debajo del mechero. La llama mantenía el brebaje caliente para el momento de servirse. Los adultos comprendieron enseguida. Los chicos no entendimos nada, pero permanecimos admirados y expectantes.

Mi tío pidió silencio. Se bajaron las luces y el comedor quedó en penumbra. Tío Emilio comenzó a contar: *uno, dos, tres*. La mecha se encendió dando a la habitación una suave luminosidad amarillenta. El perfume del café se extendió acariciando el olfato. Entonces vino la explosión.

Con un ¡*Bang!* que nos dejó medio sordos la máquina lanzó una lluvia espesa en todas direcciones. Vidrios y café volaban haciendo resonar como cascabeles las copas de cristal y los platos.

A ello se mezclaron los alaridos de los invitados. Alguien ordenó encender las luces. Los rostros, cabellos, ropas y mantelerías estaban bañados en café. Por suerte, salvo algunos tajos sin importancia, nadie estaba realmente herido.

A este pandemonio siguió un silencio aterrador roto por las carcajadas y toses ahogadas de algunos chicos y los sirvientes que se habían agolpado en la puerta para asistir a la presentación. Abuela estaba demudada. Tío Emilio no dijo una sola palabra. Llamó a dos mucamos para que lo ayudaran a limpiar, murmuró un "siento mucho", dejó el comedor y se fue.

En el silencio que siguió a su salida todos miramos a Abuela para que nos diera una idea de cómo reaccionar apropiadamente. Yo miré a Papá. Estaba rojo, sus ojos atormentados de vergüenza. Abuela se excusó y se retiró a sus habitaciones. Los mucamos a la cocina.

Así que la puerta se cerró y los adultos estuvieron seguros de que ahora nadie podría oírlos, comenzaron a hablar todos al mismo tiempo. Nadie escuchaba lo que el otro decía.

Los chicos empezamos a reírnos sin miedo hasta llorar. Eran lágrimas de risa y de conmiseración. Era todo tan infinitamente gracioso y tan profundamente triste a la vez.

Y el sol se oscureció...

Con un destino
igual al de los ríos
Cantar, llorar y andar
por los caminos.
Atahualpa Yupanqui

Como todos sabemos, las cosas que a veces ocurren en América Latina, en el campo, bajo nuestras propias narices, sobrepasan toda lógica y ciencia. Esto es lo que nos sucedió a mi hermano Matías y a mí.

Estábamos aprontándonos para ir a la casa de Tula Plá Paxá en el pueblo de San Martín, adonde regularmente mamá nos enviaba con la esperanza de que la fuerte disposición religiosa y moral de su amiga dejara huellas positivas en nuestras almas.

Acompañados de Tula, tomamos el tren. Luego un taxi nos dejó en la puerta para un fin de semana de diversión, lejos de nuestro hogar en Buenos Aires. Matías tendría unos ocho años y yo diez. Para los dos la vida con Tula era siempre una aventura.

Nos encantaba su casa de adobe pintada a la cal que nos dejaba la impresión de un chalecito de cuento de hadas. Su hogar era inmaculado por dentro y por fuera. Su jardín era nuestro paraíso privado. En cuanto llegábamos éramos sus jardineros a cargo de las rosas, las margaritas, la huerta y los yuyos. Nuestro quehacer favorito era regar las plantas. Naturalmente para esta tarea nos turnábamos rigurosamente. Si el día era caluroso, nos poníamos las mallas y regábamos no sólo las plantas sino uno al otro. Nuestras guerras de agua entre las rosas nos llenaba de regocijo y la alegría duraba todo el día.

Por suerte, el tiempo nos era favorable. Estaba seco, caliente, asoleado como un día de verano y parecía que el clima iba a permanecer así durante nuestra estadía. Nos fuimos a la cama planeando con excitación lo que haríamos al día siguiente para divertirnos. Como de costumbre nos dormimos con facilidad sin tener idea de lo que nos aguardaba en el pueblo de San Martín.

Así que nos levantamos, salimos a investigar cada cambio ambiental que hubiera ocurrido desde nuestra última visita. Saludamos a los vecinos y pasamos el rato buscando frutos silvestres que crecían bajo los árboles a lo largo de los caminos. Jugamos a la pelota y a la cuerda. La primera batalla de agua a manguerazos nos dejó riendo a carcajadas y listos para un suculento almuerzo.

No habíamos empezado a comer cuando escuchamos alaridos que venían de la calle seguidos de las voces destempladas de los vecinos y furiosos ladridos de perros. Este nivel de escándalo era muy poco usual. Los niños del vecindario golpeaban a nuestra puerta llamando, "Señorita Tula", "Señorita Tula", al tope de sus voces.

Con Tula corrimos a la puerta. Uno de los niños apuntaba con un dedo al horizonte, pero Matías y yo no entendimos su significado. El cielo era de un color azul purísimo a excepción de una enorme nube oscura que parecía aproximarse con velocidad y amenazaba con cubrir el sol. Tula entendió perfectamente lo que sucedía. Su rostro empalideció.

-¡Adentro ordenó, entren, entren, Dios mío qué se nos viene encima!

Corrió hacia la cocina y volvió con baldes, palas y cepillos. El verla tan alterada, nos aterró.

-¡Qué pasa, Tula, qué pasa!

Nuestra alarma requería una explicación. Se hizo de pronto un silencio mortal. Por los vidrios de la ventana, una densa alfombra de langostas acababa de descender sobre la calle de tierra. ¡Eran millones!

Sin vacilación, Tula se volvió hacia nosotros y con la precisión de un general ordenó:

-¡Síganme! Hay que hacer una gran fogata. Los vecinos ya tienen la suya bien encendida. A través de los vidrios, a lo alto y bajo de la calle, se veían llamas, sus lenguas de fuego alzándose hacia el cielo amenazador.

Entonces oímos un ruido aterrante.

Una segunda oleada de langostas acababa de descender con una intensidad brutal, estrellándose contra puertas, ventanas y cercas. Tula iba de cuarto en cuarto, sellando todo, para que por alguna ranura no fueran a entrar en la casa. Afuera, las langostas seguían descendiendo en hordas, a intervalos precisos, haciendo un sonido de nueces cascadas, mientras cubrían todo lo que la vista alcanzaba.

Tula esperó hasta que el segundo grupo se estabilizó un poco. Con maderos de su chimenea en brazos y una lata de kerosén en la mano salió bravamente afuera. Procedió a preparar una enorme fogata en el medio del jardín. Desde dentro la vimos encender un fósforo y unas llamas alzarse rugientes. Tula satisfecha de su logro, nos llamó.

-Salgan, las langostas ya se han asentado. Ahora hay que barrerlas hacia el fuego, que no quede una. Se comerán todo y dejarán todo pelado ¿Entienden?

Sí. Entender era una cosa, salir otra. Yo era toda incredulidad... "-Si Tula piensa que yo voy a salir a barrer langostas, no está bien de la cabeza. Tiene que ser una broma."

Pero Matías, sin temor alguno, ya se había lanzado al jardín. Saltando como las que trataba de barrer, las evitaba. Con pasión verdadera sacudía la escoba y las echaba como hojas secas al medio del fuego donde su extinción era segura.

Tula marchó hacia la casa y clavándome una mirada severa me puso un escobillón en la mano y me ordenó:

-¡Afuera, ahora mismo! Necesitamos todas las manos posibles, así que deja tu estupor y ponte a trabajar!

Un pequeño empellón aseguró mi salida. Horrorizada, traté de evitar pisarlas con el zapato mientras las langostas saltaban para todos lados, eludiendo nuestra determinación a liquidarlas. Maniobrando hábilmente para evitar los certeros escobazos de Matías, las langostas buscaban protección. No me temían para nada. Yo era más bien un impedimento molesto a su oportunidad de gozar una comida satisfactoria. Buscando protección, volaban aterrizando en mi cabeza o mis brazos. Tratando de sacármelas de encima, con manotazos lograba echarlas al fuego, mientras gritaba de asco con toda la fuerza de mis pulmones. Eventualmente, mi miedo fue reemplazado por intrepidez y decisión y logré esa lucidez de un individuo acosado. O las barría sin "*tiquismiquis*" o terminarían acabando conmigo y con las margaritas que con tanto amor había plantado Tula. Comencé a vapulear la escoba como una niña loca, bailando sobre mis pies para no darles tiempo a aterrizar en mi cuerpo. Cada vez que se congregaban a mi alrededor, aumentaba mi revulsión y la determinación de acabarlas. ¡Zas, zas! Las barría con pasión.

Para entonces, Tula había decidido que era necesario transformar nuestros métodos improvisados en un verdadero plan de guerra. Nos entregó una pala y depositó dos baldes cerca del fuego. Pronto éramos la eficiencia misma y hasta tuvimos tiempo para observar la escena que tenía lugar en el jardín del vecino. La familia entera estaba envuelta. A todo lo largo de la cuadra las llamas se alzaban haciendo curvas y semejaban guardianes de los jardines del barrio. Algunos vecinos habían hecho fogatas en medio del zanjón que corría paralelo a la calle. Todo el mundo estaba en acción. Cada persona demostraba sus sentimientos con alaridos y gritos de asco, miedo o victoria.

De pronto, como si fuera un coro dirigido por un conductor omnisciente, las voces humanas cesaron por completo y quedaron flotando en el aire dos sonidos alucinantes: el producido por las mandíbulas de las langostas moliendo, mordiendo, triturando y punzando las flores, hojas, ramas y verduras de las huertas que les salían al paso. A aquel, se agregaba el de los cuerpos de las invasoras sonando como castañuelas tocadas por un niño, o como las ramas secas, en el invierno, cuando las echábamos al fuego de la chimenea.

Aproveché ese descanso momentáneo para echarle un vistazo a nuestro jardín y hacer un inventario de los daños. Por primera vez me di cuenta de la devastación apocalíptica que las langostas habían creado. ¡Se habían comido todo! ¿Qué planta podía haber subsistido a esta catástrofe? Todo lo que quedaba de nuestras flores y verduras eran pequeños palitos, cabos, muñones de lo que había sido un vergel, una huerta saludable.

Nuestro progreso era muy lento.

Los vecinos se apiadaron y nos enviaron a tres de sus quinceañeros para ayudar. Estaban acostumbrados a los trabajos del campo y eran mucho más eficientes y certeros que nosotros. En un segundo tenían los baldes llenos y en el otro ya estaban las langostas friéndose en el fuego.

Habiendo perdido parte de mi aprensión y miedos y sintiéndome rescatada por la labor de los muchachos, con una vaga curiosidad científica comencé a observar a las langostas de cerca. ¡Qué bellas e impresionantes se veían! Tenían unos tres centímetros de longitud, eran sólidas, de un color marroncito claro, con ojos grandotes y cortas antenas. Las patas de atrás eran largas y perfectas para saltar. En sus espaldas observé cuatro alas que usaban para volar de un lado a otro del jardín. Cuando se quedaban quietas, sus alas se aquietaban también sobre las espaldas. Pero cuando frotaban las patas de atrás en sus alas anteriores, el sonido que producían iba subiendo paulatinamente sus decibeles. Este ruido recordaba el del güiro cuando lo toca un buen músico Caribeño.

Recordé las historias bíblicas de Tula sobre la invasión de langostas en Egipto. Habían producido una gran devastación y arruinado los sembrados creando miseria y hambre. ¿Qué va a suceder aquí, en San Martín? Me daban cierta pena las langostas que sólo hacían lo que sabían hacer: volar, saltar y comer.

Ninguno de nosotros había terminado el almuerzo y estábamos exhaustos y famélicos. Con la ayuda de los muchachos nuestro jardín estaba casi libre de langostas. Viendo cerca el final de nuestra labor, Tula nos envió a Matías y a mí a la casa para lavarnos, sentarnos, terminar nuestro almuerzo, que estaría ya completamente frío, y a descansar.

No perdimos ni un segundo y en un santiamén estábamos comiendo con gusto. Tula se nos unió un rato después. Después de la siesta, pasamos la tarde oyendo historias y volcándonos sobre enciclopedias y diccionarios para saber más de estos insectos y sus invasiones.

Al otro día, el periódico del pueblo hablaba de hordas de langostas migratorias que habían oscurecido el cielo, tapado el sol e interferido con los trenes haciendo los rieles y las calles peligrosamente resbalosas para los autos y peatones. Los negocios fueron forzados a cerrar para ayudar a las familias a batallar la plaga. En el jardín y en la huerta de Tula encontramos unas cuantas langostas escondidas, así que trabajamos un rato para desalojarlas volviendo luego a nuestro juego favorito: Jardineros en jefe de Tula y regadores incansables en las batallas del agua.

Haciendo un balance, Matías y yo estábamos encantados con los resultados del infortunado día. Ayudar a Tula y conquistar nuestros miedos nos hacía sentir héroes. Teníamos además una historia extraordinaria para contar en la escuela y dos días extras de vacaciones debido al paro de trenes y autobuses.

Cuando volvimos a la ciudad y a la escuela, Matías y yo contamos la historia de la plaga que tan valientemente habíamos conquistado. Para decepción nuestra, a excepción de los adultos, nadie nos creyó.

-¿Plagas de langostas? ¿De dónde sacaron este invento? ¡Están robándole cuentos a la Biblia!

Y se reían a carcajadas de nosotros. Matías y yo estábamos indignados y heridos por las bromas. ¿Qué tiene de gracia contar una historia verdadera si nadie nos la cree? Debiéramos haber inventado un cuento fabuloso con unos toquecitos de magia ¡y todos los chicos nos hubieran creído!

Nota de la autora: El 10 de Abril de 2015, mientras releía esta aventura que vivimos con mi hermano, oí un anuncio sobre una invasión de langostas, una plaga en los Estados Unidos, en las Carolinas y en Connecticut. Muy a tiempo...

Fotos de la familia

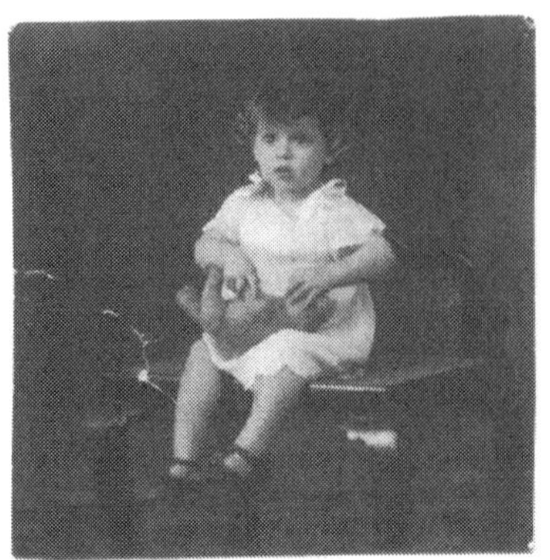

Suni

Tata

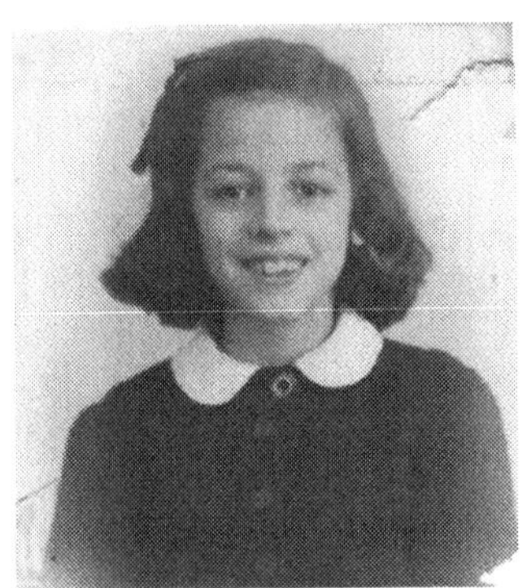

Ana María de uniforme

Matías con Nieves en Mar de Plata

Nieves, mamá, María Ester, Ana María, Matías, yo y Marta

Juan Cruz en Entre Ríos
Primeros Pasos

Vicky, Faustino, yo y Mami

Suni y Jorge en Monte Grande

Suni, Ignacio, Vicky y Carlos
visitando Entre Rios

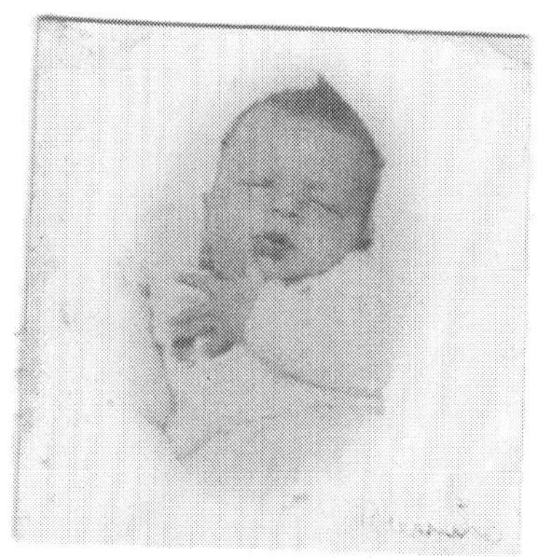

Ramiro camino a Chile

Con Juan Cruz en Plaza San Martín
Msartin

Segunda parte:

Descubrimientos y fantasías

Rosa de mi rosal

Cuatro nombres de rosas
tiene mi amada, Rosalía,
Rosenda, vidita,
Rosa y Rosaura.

Atahualpa Yupanqui

Rosa, Rushiña, Rosa más *fermoza,* Rosita de mi rosal, son algunos de los nombres tiernos con que nombré a la que fue improvisada mamá, abuela, leal empleada, niñera y ama de llaves, mi muy amada Rosa.

Tenía quince años de edad cuando salió de Galicia, España, junto a su hermana mayor Felisa. Llegaron a Buenos Aires, Argentina para comenzar una nueva vida trabajando de "mucamas de adentro". Por un tiempo, vivieron con una familia gallega, pero pronto fueron empleadas por mi abuela Basilisa que las acogió bajo su techo.

Felisa era inteligente, tenía una presencia callada, pero segura y un sentido común poco usual en su juventud. Muy pronto pasó a ser ama de llaves a cargo de todo el caserón. Rosa la ayudaba y aprendía.

En aquellos tiempos, había empleadas en abundancia y sus salarios eran sumamente bajos. Venían de Irlanda, Alemania o España escapando guerras, hambrunas o dificultades económicas. Las élites y las clases medias se aprovechaban para contratarlas en grupo, para limpieza, cocina y mantención de sus hogares.

Las muchachas Irlandesas se empleaban de institutrices para enseñar el idioma inglés a los niños bajo su cuidado. El lema más cruel del día era: "Fáciles de emplear y fáciles de echar".

Al tiempo que mamá y papá se unieron a mis abuelos, en la casa alquilada a sus verdaderos dueños, los Pereyra Iraola, en el centro de Buenos Aires, éramos seis niños y seis adultos. Felisa ya se había casado con Oscar, el chofer de abuela y vivían en una casita de un pueblo cercano, fuera de la ciudad. Más tarde, llegó Tula a vivir con nosotros y ya éramos 13, sin contar con la gente de servicio.

Rosa prefirió conservar su independencia. Se negó a casarse con un gallego enamorado que la reclamaba desde España y permaneció en casa con abuela Basilisa o "Mamama", como le decíamos los nietos. Con el tiempo Rosa se convirtió en su mano derecha. Como si abuela tuviera tres años, Rosa la ayudaba a ponerse el corsé y le presentaba sus vestidos favoritos para que eligiera qué ponerse.

El proceso de peinar a mi abuela era fascinante para mí. Rosa, primero le ponía una toalla sobre los hombros. Después, le mojaba el cabello con una tinta de color azul violáceo que le daba a su pelo blanco un colorido de cielo tormentoso. Entonces Rosa procedía a peinarlo. Como quien pone una avecilla en su nido, cada hebra era amorosamente cepillada y colocada en su lugar. Semejaban un retrato de una hija peinando a su madre. En ese momento, el rostro de Rosa se dulcificaba y una sonrisa asomaba a sus ojos lo que la hacía parecer más joven, más vulnerable y más nieta que nosotros, los verdaderos nietos. Luego Rosa la empolvaba, le pintaba los ojos con un lápiz negro, ponía rouge en sus mejillas y labios y perfume en sus muñecas y detrás de sus orejas. Recién entonces removía la toalla. Con infinito cuidado pasaba Rosa un vestido negro sobre la cabeza de abuela y le traía una caja de plata con sus joyas de la tarde, usualmente perlas.

Mientras Rosa llevaba a cabo estas delicadas tareas, abuela le hacía sugerencias, la guiaba con leves murmullos y daba su aprobación con dulces palabras que jamás le había oído decir a sus nietos. Otras veces le contaba pequeñas historias que Rosa escuchaba con interés y una sonrisa divertida. A veces, esta intimidad de Rosa y abuela, a quien yo más bien temía, que amaba, me daba espolones de celos.

Era testigo de estas escenas raramente, sólo cuando habiéndome quedado dormida en la cama de abuela, pretendía seguir durmiendo cuando en realidad estaba observando y escuchando atentamente. No lo sabía mi abuela, de lo contrario me hubiera sacado de su cuarto en un santiamén, ya que no se consideraba apropiado para una niña observar a una persona mayor mientras se vestía, desvestía o arreglaba.

Mi relación de amor-odio hacia abuela me hacía sentir incómoda y confusa en su presencia. Yo era la única obligada a compartir su inmensa cama cuando mis adoradas hermanas venían del internado. Resentía que me alejaran de sus presencias

Rosa

amorosas, largamente esperadas, en cama ajena, con una extraña. Me sentía aislada y echada al olvido. Para peor, cada vez que Mamama con su enorme peso se daba vuelta en la cama, yo, que era liviana como una pluma, salía volando por el aire y me despertaba debido al porrazo que me daba contra el suelo. Mamama ni se inmutaba. De hecho, se enojaba conmigo como si fuera mi culpa. Tata era el que se acercaba a mi lado para asegurarse que no me había hecho mayor daño.

Cada uno tenía su habitación. Cuando Mamama enfermó, Rosa fue su enfermera y la más devota hija. La protegía de los ruidos que hacíamos jugando a las escondidas y a las carreras de caballos en el corredor exterior frente al dormitorio de abuela. Tomó el rol de ama de llaves, llevando a la cocinera los deseos de abuela y asegurándose que todo corriera como sobre rieles.

Cuando al tiempo abuela falleció, se podía encontrar a Rosa llorando en silencio en un rincón de la cocina o de la despensa. Entonces sus ojos se veían pequeños y arrugados de pena. Su dolor, que ella trataba de ocultarle a los niños, me hizo acercarme a ella y a empezar a quererla. La hice mi aliada.

Cuando me sentía cansada o enferma y no deseaba ir a la escuela, Rosa me traía el desayuno a la cama para animarme. Si no lograba convencerme, guardaba el secreto y mis padres en sus habitaciones del siguiente piso, nunca se enteraban. Este pacto silencioso lo extendió a mis hermanas cuando en los fines de semana invitaban amigas a dormir.

Por la mañana, Rosa aparecía con una bandeja de desayuno para todas y se veía obligada a sortear como una equilibrista los cuerpos laxos de nuestras amigas durmiendo sobre colchones en el suelo, como benditas, después de una noche de risas y charlas. Más de una vez, en nuestra duermevela, dejamos caer la bandeja con un resonante ruido de platos, tazas y café volando en todas direcciones, mientras llamábamos a gritos a Rosa para que nos salvara del desastre.

Aunque siempre juraba no volver a mimarnos de esa manera, lo volvía a hacer una y otra vez. Ella era ahora nuestra abuela y no nos iba a abandonar a nuestra suerte.

La "hora del té" era la farra del día para todos los chicos y una pesadilla para Rosa. Volvíamos de la escuela hambrientos, agotados y listos para comer cualquier cosa. A veces traíamos amigos y el número de comensales en la mesa subía de seis niños a diez. Yo calculo que comíamos de 4 a 6 tostadas por persona, lo que hace un monto de 40 a 60 tostadas por tarde a cargo de Rosa. Estaban hechas de pan francés sobre un tostador de metal cuadrado al que había que observar para asegurarse de dar vuelta el pan cada dos segundos para que no se quemara. No cabían más de siete tostadas por vuelta. Rosa se sentaba al lado y allí pasaba horas hasta escuchar nuestras voces pidiendo con voz de náufragos:

-Rosa, ¡más tostadas!

Me imagino que a veces debe haber deseado darnos veneno para acabar con nuestros insaciables pedidos. Pero éramos jóvenes y desconsiderados, completamente absortos en nosotros mismos, e ignorantes del aburrimiento y cansancio que provocábamos.

Al tiempo de morir abuela, tías más Tula y mi abuelo, que vivían con nosotros, se mudaron. La casa quedó sólo para mamá, papá y los seis hijos. Papá le ofreció a Rosa quedarse y ella aceptó, aún cuando no se llevaba bien con mamá. Rosa en cambio adoraba a mi padre que le recordaba a mi abuela. También nos quería y probablemente no quería arriesgarse a probar con otra familia. En castellano tenemos un dicho que dice: -"Más vale mal conocido que bueno por conocer". Rosa nos conocía de memoria y sabía qué podía esperar de cada uno. Bregó con papá el sueldo por unos días, pero al fin, para alivio de todos, resolvió quedarse. No hubiera podido imaginar el crecer sin Rosa.

Cuando mi hermana mayor se casó y empezaron a llegar los bebés, Nieves y su esposo Leonel se mudaron y Rosa se fue con ellos. Ya éramos quinceañeras y noviecitas. Era tiempo de madurar, crecer y dejarse de tantos mimos.

Rosa ayudó a Nieves con sus niños, un total de nueve contando los dos pares de mellizos. Rosa ya se había graduado de abuela oficial. Comenzó a hacer tostadas para los chiquillos. Parecía ser su destino. El ciclo recomenzaba. Aunque los tostadores eran ya máquinas eficientes a las que no había que vigilar de cerca Rosa las despreció y volvió a su antiguo tostador. Pronto consolaba a los pequeños, cocinaba sus platos favoritos, les llevaba desayuno a la cama y los echaba a perder sin batir una pestaña, tal como lo había hecho con nosotros. Aunque extrañaba a Rosa con toda mi alma, me alegraba que los hijos de Nieves tuvieran sus faldas y amorosos brazos para recibir sus tristezas y alegrías.

Cuando Felisa y su esposo fallecieron, la familia de Nieves y las nuestras pasaron a ser la única familia de Rosa. Ya no tenía a nadie más en este mundo. Cuando iba de visita a la casa de mi hermana, me pasaba un buen rato sentada en la cocina, charlando con mi Rosa, contándole pormenores de mi vida frente a una taza de café con leche. Ella fue siempre la primera en enterarse de los asuntos de nuestro corazón. La última vez que visité a Rosa antes de partir para los Estados Unidos, le pedí una foto que guardo todavía en mi mesa de luz como un tesoro y que ven al pie.

Rosa estaba por cumplir ochenta años y Nieves y su marido le daban una gran fiesta. Todos nuestros amigos de la infancia estarían presentes. Ésos eran los cuerpos con los que Rosa había tropezado trayendo los desayunos. Todos nuestros amigos la recordaban con amor y nadie faltaría a su celebración. Compré un pasaje de avión y llegué justo a tiempo para ese día.

En un momento de intimidad, le pregunté cómo habían sido todos estos años para ella.

-Ya ves, ochenta años y todavía sirviendo a los demás.

Sus ojos y los míos se llenaron de lágrimas y sin palabras nos abrazamos. Esta sería la última vez que lo haría.

Aunque mi cuñado pagó para que Rosa tuviera un retiro honorable y merecido, Rosa se negó a retirarse y volvía regularmente para estar presente a la hora del té. Esta era su familia y no hubiera sabido qué hacer sin ellos y ellos qué hacer sin Rosa.

Cuando volví a los Estados Unidos, me senté a escribir una canción a quien había querido con el alma, la Rosita de mi rosal:

Rosa, la mucama
llegó de Galicia
a los quince años.
Sirviendo, asistiendo
a mi regia abuela
pasaron los años.

Y tuvo amoríos
pero aquellos nunca
llegaron a nada.
Fue su voluntad
no casarse nunca,
ni salir de casa.

Se casó mi madre,
vinieron los hijos,
yo y mis cinco hermanos.
Falleció mi abuela
y Rosa la mucama
resolvió cuidarnos.

Tres generaciones
probaron sus guisos,
durmieron en camas,
con sábanas limpias
que Rosa planchaba
a veces sin ganas.

El té de las cinco
vio sus manos viejas
dorar las tostadas,
calmar los enojos,
curar las tristezas
en tardes mojadas.

Se casó mi hermana
y vinieron nueve
cabezas doradas.
Se llevó a mi Rosa
para que en la casa
pudiera ayudarla.

Hoy a los ochenta
tiene la cabeza
blanca por las canas.

Y sigue cuidando
a los hijos ajenos...
Rosa, la mucama".

La casona de Monte Grande, un invento de mi abuela

Si floreciera el alma
Como florece el árbol...
Atahualpa Yupanqui

Mi abuela comandaba su casa y a todos los que la habitaban. Le gustaban las cosas a su modo y con su estilo propio. Cuando tenía una idea, la guardaba en su mente y luego la ponía en acción con la fuerza arrolladora de una montaña rusa en movimiento. Hasta que llegaba a la meta deseada, nadie podía hacerle cambiar su posición. Su determinación nunca fue más evidente que aquel verano en que resolvió construirse una casa en el campo. Su esposo, abuelo Tata, a la primera mención de su propósito, se molestó.

-¿Qué es este desatino que oigo, Basilisa?

Cualquiera fuera la opinión de abuelo sobre sus planes, Mamama Basilisa la pasaba por alto -de inmediato- ya que ella era perfectamente capaz de vivir ignorando cualquier crítica de los demás. Para su novel idea, abuela se rebeló un punto más y ni siquiera consultó a papá.

Decidida a seguir su corazón, Mamama desapareció en su cuarto y salió con los planos perfectamente dibujados. Esta acción escandalizó a toda la familia.

-Basilisa, ¿cómo se te ocurre ese disparate de ponerte a hacer planos, si ni siquiera sos arquitecta?

Pero razonar con ella era tiempo perdido.

Para tranquilizar a mi abuelo, Basilisa accedió a presentar los planos a su yerno, Paco Costa, un arquitecto de nombre en Buenos Aires. Él le hizo dos sugerencias, aprobó todo, sonrió y aseguró a la familia que Basilisa sabía lo que estaba haciendo.

Para no disturbar más plumajes, abuela ofreció ir al campo acompañada de una amiga que nadie sabía de dónde Mamama la había sacado. Se llamaba Lía Fusco. Era petisita, de medio peso, con un gran corazón, sonreía con sorna y cargaba pistolas al cinto. No tenía miedo a nada. Con Lía de chaperona, abuela partió al campo en un auto viejo manejado por el chofer que papá le cedió junto con el vehículo. El muchacho estaba haciendo el servicio militar y los milicos se lo habían asignado a mi padre. Si lo precisaban, pensaba papá, el joven podría oficiar de guardia de seguridad. Pero abuela no quiso saber nada y lo envió de inmediato de vuelta, compró un gran terreno, contrató tres obreros y comenzó a construir su sueño.

El lote había sido una granja y todavía lucía un molino de viento que se erguía junto a un tanque australiano para juntar agua y campos alambrados para guardar animales. La casa no existía ya. Con los obreros locales bajo contrato y los planos listos abuela empezó a *mandonear*.

Guardo una foto en la que se la ve enfundada en un vestido de hilo negro, abanico en mano, sentada en una silla de paja, en medio de unos cuadrados de tierra rodeados por estacas desde donde da sus órdenes. Con Lía Fusco, de pie, a un lado, con armas al cinto y papá de pie, detrás de las dos, en camiseta, con briches militares y un sombrero de explorador, forman un cuadro incongruente y bastante divertido.

Abuela discutía sus progresos y dificultades sólo con papá y él era el único que las visitaba cuando podía escapar de sus obligaciones, a fin de colaborar en lo que fuera menester. Basilisa era su ídolo. Con la habilidad manual heredada de abuela, papá podía crear y arreglar cualquier cosa. No había necesidad de llamar a un electricista, plomero o constructor. En complot con abuela, mi padre reparaba los entuertos y ayudaba a dirigir a los obreros. Papá compartía con ella los choferes que le asignaban y los ponía también a su propio servicio. En el proceso, los jóvenes aprendían tantas destrezas, que al final del año dejaban el servicio militar con una profesión más en su haber y los consejos de abuela en el bolsillo para que "*se dejaran de pavadas y trabajaran como hombres de bien que eran*". En aquellos tiempos, a Basilisa, siendo mujer, no le estaba permitido ponerse a clavetear y arreglar cañerías tirada en el piso de los baños o treparse a escaleras para reconstruir techos y tapar agujeros. Dibujando sus propios planos sin ayuda de nadie, Basilisa se liberó. Además de servir a sus nietas de modelo, les dejaba pruebas, sin lugar a dudas, de la

Basilisa

capacidad de las mujeres para hacer realidad los intríngulis de su cerebro y si fuera necesario, manipular a los hombres a su antojo.

La primera vez que vi la casa, me quedé sorprendida del tamaño. Era enorme. Abuela se había inventado una fortaleza de dos pisos y tres dormitorios, con murallas de tal grosor que ni un cañonazo podía penetrarlas. Una parte de la sala-comedor era elevada, como para servir de escenario a una representación teatral. Tenía un largo ventanal al centro y dos a los costados, lo que daba la ilusión de un tríptico. Desde allí se podía ver el portón de entrada y gozar del jardín en pantalla panorámica. Estaba separada del comedor sólo por el escalón descendente. En el comedor mismo una enorme chimenea maciza, en la que los niños podíamos estar de pie, ocupaba más de media pared. En invierno la leña daría lumbre y calentaría la casa el día entero. En contraste, y para mi sorpresa, la cocina era pequeña y oscura como boca de lobo, con un ventanuco de mala muerte que apenas rompía las tinieblas. Abuela, establecida ya como cocinera profesional de *Cordón azul* y dada a banquetes con platos decorados a la perfección, nos dejaba un testamento en clave de que estaba harta de ollas y planes de comida. Que se las arreglaran sin ella como mejor pudieran. ¿Sería un estatuto de liberación por las responsabilidades culinarias que le habían sido adosadas de por vida? Nunca lo sabré.

Mientras ideaba su casa, abuela Basilisa había considerado a todos los miembros de su familia con sus idiosincrasias particulares.

En el piso alto, Mamama había ideado un atelier como aquellos soñados por los pintores franceses. Sólo que en vez de tener un tragaluz en el techo, ostentaba una pared entera de vidrio y a través de ella se veía la terraza, que era el techo de la casa, y los topes de los añosos árboles y las casuarinas que rodeaban la propiedad. Todo estaba bañado en luz solar. Una puerta enana conectaba el atelier con la terraza cubierta de cemento, con escapes a lo largo del borde para que el agua no se acumulara en el techo. En el futuro, hermanas y primas acarrearíamos hasta allí las sillas tijeras para adorar el sol, ponernos color adobe y hacer ejercicios para reducir la cintura.

De noche, desde esta ventajosa posición, su hija Susana podría observar las estrellas con su largo telescopio y acrecentar su conocimiento de los astros. De día, su cuñada Tita Mimí podría pintar sus naturalezas muertas y copiar la naturaleza viviente que se alzaba tras el ventanal. A cualquier hora, Tata frente a la chimenea podría escribir sus sonetos y novelas.

Cerca de los potreros y gracias al molino de viento sus nietos tendrían un estanque con agua hasta el tope donde chapotear para paliar el calor del verano. La leche de las vacas y huevos frescos de las gallinas mantendrían a toda la familia bien alimentada. Los caballos les servirían para atarlos a un sulky, aprender a cabalgar, o visitar los alrededores.

Sin embargo, fue como que Mamama preparó una fiesta a la que nadie asistió. Tata rehusó poner un pie en un hogar que, según él, el primer vendaval levantaría por los aires y dejaría en escombros. Como nunca la visitó, no se dio cuenta que no había huracán capaz de derribar la fortaleza que Mamama había construído y que sus horribles predicciones no tenían el más mínimo fundamento. De todos modos, nadie de la familia apareció por allí. Tampoco abuela Basilisa quien, sin más, se volvió a Buenos Aires y nunca regresó para visitar su casa. Papá iba de vez en cuando para echarle un vistazo y pagar a unos cuidadores, pero eso era todo.

Basilisa bautizó su caserón con el nombre de Monte Grande, en honor al pueblo que la había recibido. No sé a qué se debía el nombre, porque por millas a la distancia, no se veía una elevación ni por misericordia. Los ojos se perdían en extensiones más pampeanas que la Pampa misma. Se me ocurre que se le podría llamar Monte Grande al compendio de obstáculos que le pusieron a su sueño y que Mamama logró llevar a su fin gracias a su invencible determinación.

Cuando abuela falleció, liderados por dos aguerridas tías, Tiasu y Tiarro, mis hermanos y yo pasamos allí gloriosos fines de semana. Más adelante, con papá y mamá comenzamos a tomar vacaciones en el caserón de Mamama. Por tres sólidos meses cabalgábamos sin control, en pelo, llevados por el viento, sostenidos sólo por las riendas y la fuerza de nuestras piernas jóvenes. Como si fuéramos zorros perseguíamos a los pollos y las gallinas y jugábamos a toparnos con un carnero llamado Rulito, que terminó en el horno y que todos los hermanos nos negamos a comer.

El sueño de Basilisa fue cobrando realidad. Las casuarinas que plantó abuela a lo largo de la casa, como los árboles que celebró Neruda en sus poemas, fueron centinelas de la noche y en el día acunaron con los sonidos del mar nuestras largas y perezosas siestas.

Recién de adulta pude apreciar la fuerza arrolladora de la voluntad de abuela que le había permitido superar las vallas y temores impuestos en aquella centuria a las de su sexo, darnos unos veranos inolvidables y de paso salvar la vida de mi padre que al vender la casa, pudo darse el lujo de tener una delicada operación de corazón en Texas. Entonces le escribí esta canción:

"Mi abuela dijo un día
voy a hacerme una casa.
Con dos pisos y medio,
con una gran terraza.

Dibujaré los planos
y me iré a fabricarla.
Con sólo tres obreros,
seguro que me basta.

¡Que escándalo tremendo
la señora va sola,
Fuera de la ciudad
a hacerse una casona!

Si ella no es arquitecta,
ni ingeniera, ni obrera,
con tres hombres y un ama
¡qué peligro para ellas!

Abuelo prometió
nunca entrar a esa casa
que podría derribarse con
un viento o una ráfaga.

Qué les puedo decir,
la casa sigue en pie.
Murió abuelo y abuela
Y aún sigue sin caer..."

Abuelo Tata, un médico único

Y así va la vida
con un silencio luminoso y grato,
con alguna sonrisa en la mañana,
con algún escondido lloro
en las madrugadas frías.
Atahualpa Yupanqui

Miro hacia mi niñez para comprender cómo fue que la música, la poesía y la escritura se volvieron parte de mi expresión. Mi abuelo, al que le decíamos Tata, tocaba el violín, la viola y el piano. Practicaba medicina en Buenos Aires y tenía su consultorio en casa, al lado de su habitación. Se hacía tiempo para publicar sus poemas, novelas y trabajos originales sobre medicina y arte. Con fino sentido del humor, escribió Internado médico, relatando sus primeros pasos, experiencias que no se perdían de leer los discípulos de Hipócrates y los internistas novatos porque los hacía reír con ganas. Sus libros circulaban en Argentina y España dejando a sus lectores con el mejor humor. Lo mismo pasó con su libro de poemas, El sanatorio de las feas artes, donde con ingenio, en verso, se burlaba del arte moderno y diagnosticaba sus obras como médico. A mis hermanos y a mí nos divertía en grande cuando nos recitaba este soneto que podría titularse El retrato y que publicó en su libro:

"Tengo un retrato tan independiente,
que despista al mejor fisonomista.
Proviene de la escuela espiritista
que retrata las almas, solamente.

Dicen que estoy en él de cuerpo ausente,
no obstante la opinión del retratista,
Y uno se cansa de forzar la vista
para encontrarle un aire de pariente.

Por mi parte, quizá le perdonara
su obstinación en repudiar mi cara
y en negarme derechos de modelo,

Si al ocultar su relación conmigo,
me hubiera dado, al menos el consuelo
de parecerse un poco a algún amigo".

A la hora del almuerzo tenía el hábito de hablar en sonetos con mi hermana Nieves. Como mi abuelo, ella era poeta y se identificaba con su alma. Para los demás hermanos era motivo de curiosidad y sorpresa verlos quedarse pensativos sobre un plato mientras elaboraban las respuestas en verso que después se recitaban uno al otro en contrapunto.

Los dos habían prometido escribirse en cuartetas cada vez que alguno de los dos saliera de viaje. Mantuvieron ese pacto toda la vida y fue Nieves quien le cerró los ojos en su última jornada.

Abuelo era también inventor. Durante el día, su cama era invisible, pues se alzaba y desaparecía dentro de un armario que se abría de noche para bajarla. Variaciones más modernas vi, años más tarde, en Nueva York.

También había creado un sillón de madera con un brazo que le sostenía la perilla cuando se adormecía y cabeceaba; otra le sostenía el libro y presionando un botón una soga finita le daba vuelta a las páginas. Como leía la mitad de la noche, era una excelente manera de descansar.

Al costado de la inmensa habitación había un escritorio rodeado de estanterías abarrotadas, de arriba a abajo, de libros de medicina y literatura. Tata compartía su biblioteca con mi hermana Marta y como viejos amigos se sentaban a comentar las lecturas.

En los cajones del escritorio guardaba lápices de colores, papel y acuarelas para sus nietos. Nos sentábamos de a tres a dibujar y pintar con una sola condición impuesta por abuelo: *Firmar nuestras obras de arte y ponerles fecha.* Cuando Tata falleció, mi tía repartió a cada uno de los chicos los dibujos que hiciéramos en la infancia y que Tata guardó como un tesoro. Por cierto, los de Ana María eran los mejores. Ya se veía su talento de artista.

Todos los días llegaban a la puerta de casa tres periódicos iguales: uno para mi abuela, otro para Tata y el tercero para tía

Tata

Susana. Los tres estaban envueltos en una competencia amable a ver quién lograba completar primero, sin ayuda del diccionario, el crucigrama del día que se consideraba sumamente difícil. Si alguien terminaba con éxito, podía ayudar al otro. Se recurría al diccionario cuando no había salida. Ahora comprendo de dónde viene mi pasión por los crucigramas.

Para los nietos, Tata había

inventado una lámpara cuya pantalla de metal mostraba la cara de un hombre, pintada por él, que pasaba de la seriedad a la carcajada, en cuatro etapas, dando vueltas lentas, sin detenerse, de modo que siempre enfrentábamos un rostro diferente. Muchas veces al día, entrábamos en su cuarto nada más que para mirar su rostro cambiante.

-Tata, ¿nos mostrás la cara que da vueltas?

Con paciencia la encendía y nos dejaba extasiarnos tanto tiempo como quisiéramos.

Una de sus bromas favoritas consistía en tener, siempre a mano, dos paquetes exactamente iguales que dejaba cerca de su escritorio. El papel de una, rodeaba un pedazo de plomo en forma de ladrillo y el otro, una caja de igual forma, pero con vainillas. No se podía distinguir una de la otra. Eran idénticas. Como siempre andábamos hambrientos de golosinas, Tata nos preguntaba con aire ausente:

-¿Querés una vainilla? Sabiendo bien que daríamos un vehemente -sí.

-Entonces, traéme ese paquetito que está al lado del escritorio.

Sin pensar que podía ser pesado lo levantábamos con dos dedos y el peso inesperado nos había tambalear. La sorpresa nos hacía reír con ganas. Y aun cuando ésta escena se repetía, como nunca estábamos seguros de cual paquete íbamos a alzar, la broma seguía vigente.

Una de sus invenciones estaba particularmente destinada para el verano. Su habitación quedaba en un segundo piso y el balcón daba a la calle. A las cuatro en punto, se podía escuchar la voz del vendedor voceando su mercancía:

-"¡Helados, helados de agua, bombón y crema!"
Mientras nuestra boca se hacía agua, Tata ofrecía:

-¿Listos para los helados?

Los *"yo, yo, yo, Tata"* aturdían. Abuelo entonces traía una canasta hecha con un viejo sombrero de paja sostenido por cuatro hilos atados a una polea. Luego llamaba al vendedor haciendo "Pts, Pts" con la boca, un sonido que el hombre ya le conocía bien. Por medio de la polea, Tata hacía descender la galera hacia la vereda con el pedido y el dinero dentro. Minutos más tarde izaba la canasta repleta de helados frente a los ojos atónitos de los transeúntes. No podían creer que esta escena tuviera lugar en Paraguay y Florida, al borde de la calle más elegante de la ciudad. Su sorpresa deleitaba el rebelde corazón de abuelo, quien gozaba creando estupor, para divertirnos o hacernos reír.

En los domingos de verano, abuelo nos llevaba a mi hermano y a mí a comer helados. De vuelta, Tata nos invitaba a detenernos en una esquina y a mirar con cara de interés y preocupación el techo de una casa determinada. Apostaba que en unos minutos se formaría un grupo de mirones.

-La curiosidad humana no tiene límites- decía Tata.

Hacíamos exactamente lo que nos había dicho. Tal como abuelo lo había previsto, al rato comenzaban a aparecer los curiosos. De vez en cuando, Tata señalaba un punto en el edificio. Si alguien le preguntaba algo, Tata movía la cabeza y repetía "Hm, Hm"con gran consternación. Cuando se habían agrupado bastantes personas, nos alejábamos dejando a todos "con un palmo de narices", como decíamos, riéndonos a carcajadas.

Invariablemente llegábamos a casa de regio humor y con un helado en la mano.

Tata creía firmemente que para practicar medicina y sanar a los enfermos había que preparar el espíritu antes de atenderlos. Este ritual musical se hizo parte de su vida.

Una hora antes de que los pacientes llegaran a la consulta, Tata cerraba la puerta y sacaba su instrumento favorito. Los pacientes, que conocían su costumbre, llegaban una hora antes y se sentaban en la antesala a escuchar al doctor tocar el violín. Yo solía sentarme entre ellos. Me encantaba observar su silueta que se perfilaba apenas a través de los gruesos paneles de vidrio y dejarme adormecer por la música. A veces me quedaba dormida sobre el hombro o las faldas de una paciente que se regalaba un tiempo de paz oyendo a mi abuelo. La música de Tata creaba confianza y seguridad. Los pacientes llegaban atemorizados, adoloridos, o en estado de ansiedad y se retiraban serenos, seguros de que Tata los estaba sanando. Los que carecían de medios, pagaban como podían con huevos, carnes, aves, y a veces, postres caseros, con los que le agradecían sus cuidados.

Abuelo me dejó valores preciosos que afloraron a lo largo de la vida y que utilicé en mi trabajo con los niños. También me dejó esta pregunta sin respuesta: ¿Eran la música o las medicinas las que curaban a sus enfermos?

La *Miss* Julia

Toda la vida es ausencia...
¡Quién sabe mi alma
Si se acordará!
Atahualpa Yupanqui

Alta, flaca como un pescado, pero con huesos grandes, así era la señorita Julia. Desde un par de ojos celestes, acuosos, chiquitos, medios miopes, cuando caminaba, miraba al mundo como un péndulo: del costado, del centro, del costado, del centro. Su cuerpo parecía un frasco de whisky y su pequeña cabeza, el tapón de la botella. Las caderas eran cuadradas también. La piel del rostro y de las manos se veía apergaminada, de un color rosa viejo, entrecruzada por delicadas venas azules. Cuando sonreía se cubría la boca con la mano tal vez para que la dentadura postiza no le diera una sorpresa. Dentro de una redecilla guardaba el cabello ralo y finito de un desteñido color plateado amarillento, lo que daba a su cabeza un aspecto reducido y moldeado. Sus ropas olían a jabón y plancha. Su español era pobre y con un fuerte acento extranjero. De inarmoniosos bajos a destemplados altos, hacia el final de cada frase, el tono de su voz subía en escala ascendente. La llamábamos: *Miss Julia* o, simplemente, *la Miss*.

Cuando mamá la contrató, mis hermanos tenían cuatro y seis años y yo ocho. Nos ayudaba con las ropas, a vestirnos, bañarnos y nos llevaba a la escuela y al parque. Dormía en un cuarto aparte con Jorge, el más pequeño de mis hermanos. En la calle, como un garfio, sujetaba la mano de Jorge temerosa de que, como decía dramáticamente en pésima traducción, *lo asesine un auto*.

A no ser que tuviera que darnos una orden específica en inglés, Miss Julia permanecía en silencio, erecta y sin movimiento como una escultura de madera, un codo descansando perpendicular a su falda, la mano ocultando su boca. Sus ojos azul pálido, casi sin pestañas, miraban sin ver, perdidos en el vacío, en un mundo invisible de su propia invención.

-¿Miss, en qué está pensando? Le preguntaba inquieta por

su inmovilidad que la hacía semejante a las estatuas del parque. Me dirigía algo que quería parecer una sonrisa, pero no me contestaba. Intrigada, me pasaba horas observándola tratando de entender qué clase de persona era. Instintivamente sabía que había una película de tristísimo contenido corriendo permanentemente en el paisaje de su cerebro.

Irlanda era su país de nacimiento. Lo que vivió allí debe de haber sido dramático. No tenía amigos en Argentina. Yo me preguntaba ¿qué hacía Miss Julia los fines de semana en su tiempo libre? Por aquel entonces yo no la quería, pero me daba compasión la vida aburrida y monótona y que llevaba.

Al comienzo, mis hermanos y yo para fastidiarla, le hacíamos bromas y trucos. Cada día, cuando al fin lograba arrearnos a la mesa para el almuerzo, nos escapábamos corriendo en distintas direcciones. Como anguilas los pequeños se deslizaban de sus manos. Eran dos ardillas juguetonas y rápidas. Pronto la Miss era olvidada y los dos comenzaban a correr con desenfreno entrando y saliendo por las numerosas puertas de los baños y las habitaciones. Esa sección de la casa estaba interconectada por corredores por afuera y por dentro. Mis hermanos, como actores en una obra de teatro, aparecían y desaparecían en rápida sucesión, chocando uno con el otro y riéndose a carcajadas. Con su pierna renga, Miss Julia los corría como podía gritando sus nombres con alaridos aún más destemplados por los nervios en ascuas. Sin prestarle atención alguna, los muchachos seguían sus juegos vertiginosos hasta terminar en el suelo hechos un ovillo, llenos de alegría y regocijo, como dos cachorros. ¡Pobre Miss Julia! Era imposible tratar de igualar su ímpetu o velocidad.

En el parque era peor. Los tres salíamos como balas hacia los árboles donde nos trepábamos como monos. Nos hamacábamos en las ramas más altas sin temor a caer y desnucarnos. Miss Julia estaba al borde de un ataque. Nos buscaba, nos llamaba a gritos hasta descubrirnos colgando como racimos desde las alturas. Los troncos enormes, de ramas bajas eran nuestro deleite.

Un día, Jorge eludió una rama, resbaló y cayó de golpe al suelo evitando el cemento por un pelo. El pasto lo recibió. Por unos segundos perdió la conciencia. Por suerte, una mujer que estaba sentada cerca de La Miss resultó ser médica y se ocupó de mi hermano. Pálido y con escaso aire en los pulmones *Georgy*, como lo llamaba Miss Julia, nos pegó el susto del siglo.

El guardián de la plaza vino como una saeta para saber la naturaleza de tanta conmoción. Se quedó encantado de tenernos atrapados bajo su pulgar. Estaba harto de perseguirnos alzando su palo que llevaba un clavo en la punta para recoger los papeles descartados por el público o removidos por el viento, y que en estas circunstancias le estaba sirviendo de garrote amenazador.

El guardián estaba orgulloso de su plaza y la cuidaba con esmero. Odiaba a los chicos como nosotros que rompían las reglas saltando sobre el pasto, las flores y trepando a los árboles. Con mirada malévola nos espetó un:

-Bien les está el susto, lástima que no se rompieron el cogote. La próxima vez será la policía quien los saque de una oreja y para siempre de este parque. Y a su *miss* con ustedes. ¡Mocosos del demonio!

Este episodio casi le cuesta a Miss Julia su empleo. Pero mamá le tenía afecto y encontrar institutrices de confianza no era fácil. Antes de que Jorge naciera, la última Miss que habíamos tenido resultó ser loca y sádica. Para castigar a mis hermanas mayores bajo su cargo las ponía en un rincón, de cara a la pared, por horas, con las manos en alto. Terminaban a punto de desfallecer de agotamiento y dolor en los brazos. Por suerte para ellas, pronto las enviaron pupilas a un colegio fuera de la tiranía de esa Miss. Mamá la despidió, pero la que tomó en reemplazo no era mucho mejor. Estaba un poco loca. Por desgracia, Matías y yo quedamos bajo su tutela.

De noche, creyendo que ya estábamos dormidos, se paraba totalmente desnuda frente al espejo de cuerpo entero que cubría el ropero y bebía un té imaginario conversando con caballeros y damas inglesas de alcurnia, dedicándoles reverencias, gestos y sonrisas a la sociedad invisible que la acompañaba.

Esa Miss fue por muchos años el centro de mis pesadillas nocturnas. Yo vivía aterrada de que descubriera que estaba despierta. Finalmente las historias de mi hermana mayor en nuestra defensa, esa miss era una mujer rara, convencieron a mamá de la locura en ciernes de esta otra mujer y fue también despedida. Hasta que me casé no le conté nunca a mi madre las fiestas nocturnas a las que la institutriz asistía en su mente. Mamá quedó anonadada por las revelaciones.

Miss Julia no era despiadada o sin corazón. Era inocua y sufría en silencio las vejaciones a las que con mis traviesos hermanos la sometíamos. Con el tiempo se ganó el cariño de Jorge. Sabiendo que la Miss apreciaba los buenos modales, cuando la mesa estaba servida, Jorge, siempre hambriento, corría al comedor, comía rápidamente un poco de la fuente, la acomodaba para que pareciera intacta y se paraba detrás del asiento de la Miss. Cuando llegaba, Jorge le retiraba la silla y con un gesto caballeresco recitaba:

-*I was waiting for you, Miss*. Estaba esperando por usted, Miss.

Entonces, la piel de gallina de Miss Julia se encendía al rojo vivo. Se agitaba con deleite, regurgitaba una risita fina cubriéndose la boca y dejaba que el *gentleman* le acercara la silla. Estos pequeños gestos la deleitaban. La harían sentir que no era invisible y que alguien se preocupaba por ella. Bravo por Jorge!

La caída de la noche siempre me hacía sentir sola y triste. Buscando compañía, entraba al dormitorio de Miss Julia, con cualquier excusa, a veces ofreciéndole un vaso de agua. Entonces me sentaba al pie de su cama y hablando con la velocidad de una bala, le contaba los pormenores de la escuela y de mis amigos. Estoy segura que no entendía nada de lo que le decía. Mientras yo imitaba a los loros, Miss Julia se ponía ruleros en sus guedejas invisibles y luego las cubría con una gruesa red. Cuando terminaba, era la señal para que yo me retirara.

Cuando cumplí doce años, Miss Julia fue buenamente despedida. El argumento de mamá era que ya estábamos más grandecitos y podíamos arreglarnos solos. Además los muchachos estaban por entrar semi-pupilos en un colegio Inglés. Para demostrar a Miss Julia su aprecio, mamá le consiguió de inmediato empleo con una familia amiga para cuidar tres niñas pequeñas. Cuando cumplí dieciocho años me enteré de la verdadera razón del despido de Miss Julia.

Mamá estaba acercándose a casa cuando desde la distancia vio a la Miss que venía en su dirección llevando a Jorge de la mano. El niño caminaba como péndulo, exactamente igual que Miss Julia. Separado de la mano de la Miss, seguía caminando como rengo. Horrorizada, al día siguiente mismo, mamá la dejó ir.

Tiempo después, cuando me casé y después de mi primer bebé, decidí ir de visita al viejo Colegio del Sagrado Corazón donde había estado pupila y presentar mi nuevo hijito a las monjas. Allí, en el patio del colegio, corriendo con su renguera a cuestas, detrás de tres niñas traviesas, estaba Miss Julia. Se la veía más anciana que nunca, arrugada y con un rostro de extremo cansancio. Mi corazón se detuvo de compasión. La llamé por su nombre:

-¿Miss Julia?

Se dio vuelta y me miró, reconociéndome. Sobrecogida de emoción, con lágrimas en los ojos, repetía y repetía mi nombre. Corrió a abrazarme lastimándome con sus huesos salientes. Me apretaba y no me soltaba. Fue en ese preciso momento que me di cuenta de cuánto me había querido y extrañado. Fue una revelación para mí, aunque debiera haberlo sabido. Por años mis hermanos y yo fuimos su único contacto humano.

Mucho tiempo después, cuando me tocó emigrar, aprendí de primera mano lo que significa estar lejos de los que uno ama, del idioma, de lo que nos es familiar, las comidas favoritas, las canciones de la niñez y comencé a comprender a Miss Julia. Mi ventaja era que yo tenía en mi corazón música y libros para mi consuelo. Pero ¿dónde escondía Miss Julia su mundo, dónde hallaba su consuelo?

La lectora

Llenabas la noche
con tu voz de grillo
cuando aparecías
por el arenal.
Atahualpa Yupanqui

Sus ojos color caoba tenían una mirada inocente. Un pelo cobrizo con ondas naturales que las hermanas le envidiábamos coronaba su cabeza. No necesitaba peinarlo más que pasándole los dedos. En la familia era famosa por sus hermosas piernas. Aunque a Marta le importaba poco su apariencia, cuando la obligaron a usar anteojos se fastidió, pero como le decíamos para consolarla: *quien se apasiona por la lectura no tiene más remedio que tascar el freno, pagar el precio y aceptar su destino de cuatro ojos.*

A Marta se la podía encontrar por la casa buscando el silencio, los rincones tranquilos, cualquier lugar recoleto donde repantigarse y leer a gusto una novela detrás de otra. Conocía a los autores más prominentes y a los más oscuros. Llegó un momento en que hasta abuelo la consultaba.

-¿Quién necesita saber algo? Búsquenla a Marta. Ella sabe.

No había libro en la casa que no hubiera leído de cabo a rabo. De a poco, había devorado cada volumen de la biblioteca de tía Susana, después la de Tata, llena de libros prohibidos por el Vaticano y mamotretos de medicina. Marta se encogía de hombros frente a las sanciones que prometían un infierno eterno y leía Alejandro Dumas, *El Satiricón*, *Madame Bovary* y obras de Oscar Wilde con todo desparpajo, así como cualquier otro libro que se le pusiera por delante. Marta decía que ninguna página, por bien escrita que fuera, iba a cambiar lo que ella era en el fondo de su alma. En todo caso le iba a enseñar a cuidarse mejor. Con esa filosofía entretejía su existencia y la nuestra. Un día en que fue a confesarse refirió su interés en algunas lecturas sancionadas por el clero. Con todo respeto le dijo al padre confesor:

-Usted perdone, pero no pienso dejar de leer el quinto tomo de Dumas. Es el último que me falta.

Ana María, Marta y Nieves

De tanta lectura conocía dichos, máximas, sentencias y frases enteras que nos hacían llorar de risa y a veces rabiar de lo lindo por su contenido irónico. Era difícil pelearse con Marta. Con una frase lapidaria y además graciosa te dejaba hecha pasta sobre el suelo. Sabía de memoria greguerías de Ramón Gómez de la Serna, dichos de George Bernard Shaw y comentarios de Enrique Jardiel Poncela. De este último enunciaba de pronto unas frases que nos dejaba boquiabiertos. En medio de una discusión sobre los críticos literarios, tema muy en boga en el comedor de casa en donde se reunía más de un escritor, Marta dejaba caer este comentario de Poncela: *el crítico, al acudir a los estrenos, casi siempre entra en los teatros llevando un prejuicio, y casi nunca sale de ellos llevando un juicio.*

Y de Francois Mauriac recitaba de pronto: *Un mal escritor puede llegar a ser un buen crítico por la misma razón por la cual un pésimo vino puede convertirse en un excelente vinagre.* Esto nos hacía reír de buena gana. Las frases que Marta dejaba caer como si tal cosa, con aire inocente y expresión sarcástica, regodeaban a mi abuelo que estaba en perfecto acuerdo con ellas. Los más chicos perdíamos muchas veces su significado pero comprendíamos que su declaración había hecho brillar los ojos de abuelo y sonreír a Tía Susana. *Esta chica...*, decían y se veía cómo gozaban.

Por sus conocimientos literarios Mamá la nombró celadora de la lectura de los más chicos.

-Mamá, ¿puedo leer este libro?

-Andá a preguntarle a Marta. Ella te dirá.

Siempre estaba mi hermana merodeando por si alguna novela se le había escapado. Me preguntaba:

-¿Qué leés, querida?

-*La casa de la Troya.*

-¿Otra vez? Pero vos siempre estás leyendo el mismo libro. Y se reía de buena gana, me imagino que con cierta lástima.

Y tenía razón. Como rueda de molino leía las mismas novelas dos y tres veces. Cuando algo me gustaba, no lo podía soltar fuera libro, canción, o película.

Marta, Nieves y Ana María

-Tomá, nena. Cambiá un poquito. Mirá, leéte esta otra novela. Te va a encantar.

Y me entregaba una obra que yo desconocía pero que era apropiada para mi edad.

El lío se armaba cuando me descubría leyendo un libro al que todavía no le había echado el ojo. Entonces con voz autoritaria reclamaba:

-Esto no es para vos. Dame. Lo voy a leer y después voy a decirte si es apropiado o no- y me lo sacaba de las manos dejándome con un palmo de narices. Entonces yo armaba una trifulca de llanto, insultos y rabietas que atraía a mamá hasta donde estábamos.

-¿Se puede saber que es este escándalo?

No había argumento que valiera. Marta tenía la última palabra, para eso se le había dado el cargo de supervisora y asesora de lecturas. Había que armarse de paciencia.

A los dieciocho años Marta escribía cuentos de misterio que mandaba a los concursos promocionados por revistas de la especialidad. Invariablemente ganaba el primer premio. Para mí, ella fue siempre la Ellery Queen o la Agatha Christie Argentina. Tenía un instinto certero para escribir intricadas tramas con inesperadas conclusiones. Nos encantaba escucharlas y más todavía verlas publicadas con su nombre. En su estilo personal, callado y sin hacer mayor alarde aprendió francés, se graduó de la Escuela de Periodismo y más tarde ingresó en el Ministerio de Relaciones Exteriores haciendo traducciones instantáneas en congresos internacionales.

En las largas noches de verano y vacaciones nos reuníamos en el dormitorio más grande de la casa. Hasta allí arrastrábamos otras camas, y a medianoche, a *la hora de las brujas*, como decíamos en broma, comenzaba la lectura. Marta elegía lo que nos iba a leer. Nosotros éramos las oyentes. Por aquella época, Benito Pérez Galdós era nuestro predilecto. *Marianela*, nuestra novela favorita. Marta leía hasta llegar a un punto culminante o hasta cuando comenzaba a perder la voz de puro cansancio y entonces se detenía.

-Mañana a la noche continuamos.

Nos íbamos a dormir llenas de ilusión, totalmente enamoradas de los personajes. ¡Si tuviéramos la suerte de conocer gente así...! Cada día esperábamos ansiosamente la llegada de la caída del sol. La oscuridad era nuestra amiga. Entonces no había que insistir para mandarnos a la cama. Todas salíamos corriendo a nuestra reunión favorita.

Abuelo Tata, que vivía con nosotros, se enteró de nuestras reuniones y decidió colaborar. En medio de la lectura se aparecía con una bandeja con helados y bizcochos en el verano y chocolate caliente con vainillas si la noche estaba fría o destemplada. Lo recibíamos con alborozo, hacíamos un alto y luego Marta retomaba la lectura con nuevo vigor en la voz hasta que llegaba la madrugada.

-Seguí leyendo. No parés todavía! La azuzábamos cuando nos acercábamos al momento culminante. Y Marta, pacientemente, se esforzaba por darnos el gusto continuando hasta acabar el capítulo.

Su pasión contagiosa por los libros, sumados a sus comentarios humorísticos, iluminaron nuestro camino por la vida y abrieron ventanas a la imaginación y a la risa.

En esas noches inolvidables, todas viajamos gratis por el mundo.

La rebelión de Jorge

El tiempo madura
las cosas y las almas
Atahualpa Yupanqui

A los cuatro años, como un niño preso de locura mística, Jorge se sentaba al piano y tocaba con la concentración y soltura de un consumado pianista. Inventaba melodías y reproducía con aplomo la música de alas que llevaba en su oído privilegiado.

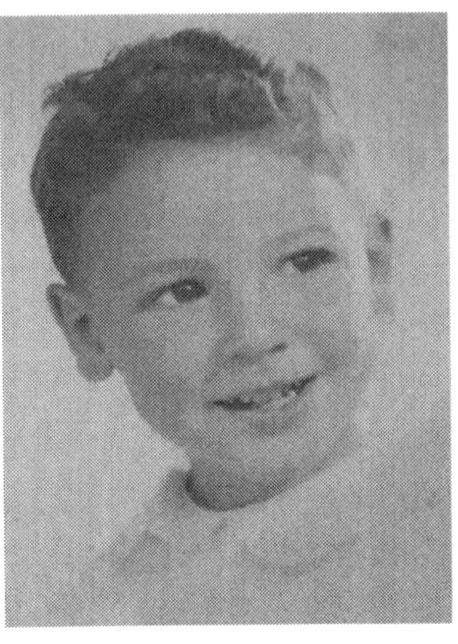

Jorge

"Lo que se hereda, no se hurta" decían los que conocían el talento de la familia. Pero enseguida recordaban al tío Emilio tratando de ganarse la vida con su música. ¿Qué porvenir le esperaba a este pobre chico?

Con sus piernas cortas y rollizas llegar al piano requería una serie de movimientos bien coordinados. Primero había que buscar una silla, todas de madera labrada que pesaban una tonelada. Con una mezcla de fuerza, ingenio y paciencia, Jorge lograba acercarla desde el comedor distante hasta la salita, para después treparse y trasladarse desde la silla al taburete. Cuando por fin lograba el intento, los resultados variaban: el piano estaba muy alto, muy bajo, o muy lejos, o tan cerca que le dejaba marcas rojas en los muslos. Entonces comenzaba para Jorge el paso más animado: sentarse sobre la superficie redonda del asiento y dar vueltas como un molinete hasta dejarlo a una altura conveniente. Muchas veces, con este sistema, sus rodillas quedaban lejos del teclado de modo que el chico debía estirar los brazos como si tuvieran resortes. Como fuera, Jorge estaba resuelto a dar su concierto.

De lejos escuchábamos como en sueños sus armoniosas improvisaciones y sabíamos que no eran ni mamá, ni tía Susana, ni abuelo Tata lo que nos hacía preguntar: ¿quién es esa alma posesa que no para de tocar? Al tiempo reconocimos el estilo y nos sonreíamos pensando en su pequeña figura, su cara de luna llena y los deditos corriendo carreras sobre el teclado con su innato sentido musical.

Varias veces, cuando lo pillábamos en sus esfuerzos circenses por acercarse al instrumento, nos daba pena y de un salto lo montábamos en su sitio de honor y le dábamos de postre sonoros besos en los cachetes. Cuando terminaba su concierto, que generalmente coincidía con un llamado para el almuerzo, Jorge se bajaba con la velocidad de un ratón y se inclinaba gravemente con una mano detrás de la espalda, haciendo una reverencia agradecida al público invisible al cual había deleitado ese día. Mis dos hermanas y yo nos escondíamos detrás de los cortinados de la sala y espiábamos sus finales que nos hacían una gracia infinita. Cuando nos descubría, como era rabioso de carácter, se ofendía y el digno debutante nos tiraba porrazos para evitar que lo comiéramos a besos y lo estrujáramos con nuestros abrazos.

A medida que crecía, su estilo se iba haciendo más jazzístico a la vez que interpretaba a la perfección los tangos y temas del momento que escuchábamos por radio. Como tío Emilio, Jorge tocaba de oído sin saber nada de teoría o solfeo.

Al llegar a la secundaria, las notas de Jorge en la escuela empeoraron y le costó pasar de grado. Mientras más se dedicaba al piano, más perezoso se volvía en sus estudios. Empezó a frecuentar lugares nocturnos escapándose de casa a la menor ocasión. Dormía mucho y no estudiaba jamás.

Jorge carecía de vicios. No fumaba y detestaba el alcohol desde el día en que a los ocho años, muerto de sed, creyendo que estaba bebiendo de una botella de agua, se tragó glu, glu, glu, sin percatarse, media botella de gin que papá había puesto por un ratito dentro de una designada para el agua. Se emborrachó perdidamente y la institutriz lo encontró haciendo eses, dando tumbos y golpeándose contra los muebles cuando se aprontaba para ir la escuela. Desde entonces le tomó aversión al alcohol.

El piano en cambio era su perdición y lo llamaba. No podía desoír su voz. Nadie se percató de sus escapadas, sólo su hermano Matías porque tenía su dormitorio al lado; pero Matías no tenía vocación de soplón, así que no dijo palabra y el secreto quedó bien guardado.

Jorge en Suiza

Una mañana al salir para el colegio, nos topamos con Jorge que subía las escalinatas de la entrada con cara de sueño.

-Jorge, que hacés. ¿Te volviste loco? Tenés que ir al *cole*. ¿Qué hacés por aquí andando como un fantasma en pijama?

-Tenía sed y quería saber si el lechero trajo la botella de leche.

La respuesta olía a gato encerrado. Algo se traía entre manos. Detrás de su espalda nos hicimos muecas como preguntando: -¿Y éste?

Al comentar este encuentro como si fuera una gracia, nos encontramos frente a la cara compungida y medio asustada de Jorge. Por el momento, hicimos como que creíamos el cuento del frasco de leche hasta el día en que interrumpiendo una reunión musical, el teléfono sonó.

-¿Podría hablar con el maestro, por favor? Los músicos lo estamos esperando. Tenemos que tomar un tren y estamos atrasados. Dígale que venga a la puerta cancel por favor.

Pensé: Este loco está buscando al tío Emilio.

-Tiene el número equivocado, señor, Emilio no vive aquí.

-No, señorita, no se llama Emilio. El nombre del maestro es Jorge.

En ese momento viendo mi cara de incomprensión, Mamá tomó el teléfono. A medida que el señor daba explicaciones la sonrisa de mamá se borraba reemplazada por un ceño fruncido de desagrado y sorpresa.

-Señor no se moleste en esperarlo. Jorge no va a ir. Lo tiene prohibido. De ahora en adelante, no cuenten con él para nada. Le dejo saber que *el maestro* es menor de edad.

Mamá colgó y fue en busca de papá. Llamaron a Jorge. Las recriminaciones de mi padre retumbaron por los tres pisos de la casa. Papá requisó sus ropas, sus documentos y las llaves. De ahora en adelante Jorge permanecería encerrado en casa, sin acceso al exterior y como presidiario, vestido sólo con su pijama. El dormitorio sería su celda y hasta allí le llevarían las comidas. La severidad de la penitencia nos dejó sin habla. Marta dijo con sorna:

-Menos mal que no lo pusieron a pan y agua o se nos muere el comilón.

De contrabando lo íbamos a visitar. Pero Jorge dormía y dormía como un lirón la mayor parte del día y no nos daba ni la hora. Marta, siempre defensora de la libertad personal, le hizo una copia de llaves.

-Por si acaso...le dijo.

¡Miren si lo conocería! Papá en cambio no había contado conque Jorge tenía un carácter tan fuerte como el suyo y que era muy parecido a él en su capacidad de mantener sus determinaciones a sangre y fuego. Era como si a papá le prohibieran su pasión, jugar al ajedrez. Cualquiera sabría el resultado.

Todas las noches el penitente daba las buenas noches a todos y desaparecía en su habitación. Horas más tarde, cuando la casa se aquietaba y mis padres se retiraban al piso más alto donde tenían sus dominios, el maestro bajaba las escaleras como un gato y se unía a los músicos que lo pasaban a buscar con un *smoking* prestado para que se vistiera a las corridas dentro del auto.

Al volver de tocar con la orquesta, el dinero de la noche bien guardado en un bolsillo, Jorge vestía de nuevo su pijama, se revolvía el pelo, ponía cara de sueño y entraba en la casa con una botella de leche en la mano. Se cruzaba generalmente conmigo, la única persona que a las seis, hora ingrata, salía para la escuela. Me acostumbré tanto a verlo llegar que ya ni raro me parecía y no se lo comentaba a nadie. Por un tiempo quise creer que beber un vaso de leche al levantarse era parte de su hábito matinal. Algo sin embargo me dijo que tal vez Jorge había vuelto a las andadas y estaba repitiendo la conducta anterior que tan arduo castigo le había traído. Lo mejor era no decir nada.

Al fin papá lo perdonó, le devolvió la ropa y Jorge se reintegró a la escuela. Por pura mala suerte, mi padre descubrió sus escapadas, él, en persona, se topó con Jorge en las escaleras. Al instante advirtió el teatro y constató que la penitencia no había servido para nada. El maestro seguía haciendo de las suyas y como su tío el Emilio iba camino a una vida fracasada. Como coincidió con la caída estrepitosa de sus notas en los exámenes de curso, papá se desesperó. Aconsejado por mamá, resolvió ofrecerle un pacto. Si Jorge tomaba los exámenes de graduación como alumno libre y los pasaba, papá le permitiría trabajar como músico y seguir su estrella. De lo contrario, estaría librado a su suerte y fuera de la casa en menos de un segundo. Mi hermano aceptó el convenio y por un tiempo la paz volvió a la familia.

Pero Jorge no se estaba quieto y de a poco iba planeando su vida y afinando sus contactos para irse a Europa al momento mismo de cumplir los dieciocho años. Se organizó, pasó los exámenes y al día siguiente de su cumpleaños, ayudado por un préstamo de mi cuñado, acompañado de su guitarra eléctrica, se embarcó para Europa. Me dejó atónita. ¡Qué valor!

Recibíamos cartas larguísimas, salpicadas de humor, con noticias detalladas de sus progresos acompañadas de graciosos dibujos, pues dibujaba divinamente bien. Tocaba con un quinteto al que habían bautizado The Modern Tropical Quintet. Enviaba fotos de su grupo, de hoteles y de boites donde vestido con smoking se lo puede ver sonriente y buen mozo ¡pero tan jovencito! La cuestión era que se ganaba la vida sin ayuda de nadie y de a poco devolvía el préstamo. Papá igual no quería oír palabra. Como lo había dicho muchas veces, ver a hijos suyos actuando en escenarios lo llenaba de humillación y vergüenza. Así era la época.

Un episodio que tuvo lugar en Europa decidió a Jorge que debía estudiar música. Tuvo que confesarle a un representante de nombre, que lo contrató para que acompañara a una famosa cantante, que no podía leer ni una nota de música. Obviamente, pasar el resto de la vida tocando en cuartetos de música popular

no tenía porvenir. Jorge no esperó. Al día siguiente se buscó un profesor de piano y composición para que le diera clases. Por mucho tiempo, en Europa y después en Argentina, estudió y amplió sus conocimientos de música. Con el tiempo llegó a ser capaz de escribir arreglos orquestales y conducir la Sinfónica de Londres.

Aquel niño con trazas de músico serio que vislumbraran los músicos argentinos bautizándolo con el mote de *maestro* era ahora un conductor y arreglista cotizado y reclamado. Por desgracia papá no vivió lo suficiente como para comprobar que sus predicciones no hallaron marco.

Cuando la violencia política se desató en Buenos Aires, Jorge se anunció en Nueva York donde yo residía desde hacía años. Le abrí las puertas de mi casa y al mes, en un pequeño Casio eléctrico de mi hijo, hizo su primer arreglo para piano y orquesta grabándolo enseguida bajo la dirección de Andrés Kostelanetz. Al mes siguiente era dueño de su propio departamento.

Hoy, ese niño de cuatro años al que había que ayudar a trepar al taburete del piano, fortaleciendo la tradición musical de la familia, es objeto de honores: veinticuatro nominaciones de Grammys con dos Grammys ganados y dos nominaciones de Oscar. Uno de sus conciertos para clarinete y orquesta está elogiado en un libro sobre La Historia del *Concerto* junto a obras de George Gershwin y Aarón Copland. No está mal para un penitenciado de pijama, castigado por la Inquisición paterna.

NOTA: Para ponerlos al día, les cuento que en el 2015, le otorgaron a mi hermano Jorge un Life Achievement Award, es decir, un premio por sus logros en el campo de la música, como compositor, arreglador y conductor. Fue también ganador de otros Grammys, a más de los ya mencionados y reconocido en los Estados Unidos, con el "Golden Score Award" por la American Society of Music Arrangers and Composers. Recibió dos premios Oscar por éstas películas: en las que participó con su música: El color púrpura (1986) y El Tigre y el Dragon (2001)

El Lunes 7 de noviembre de 2016, se le nominará Personalidad Destacada de la Ciudad de Buenos Aires, en la República Argentina. Este reconocimiento especial premia sus talentos y el haber dejado en el mundo CD's, DVD's, Videos, y Scores de sus múltiples trabajos haciendo honor a su país de origen.

Entre una lista de más de cincuenta músicos con los que ha trabajado, se destacan (yo hago la selección) Bocelli, Yo-Yo Ma, Plácido Domingo, Celine Dion, Tony Bennett, Josh Groban, Barbara Streisand, Madonna, Paul McCartney, Al Jarreau, Ricky Martin, Montserrat Caballé, Elton John, Michael Bublé, Johnny Mathis, David Foster, Gloria Estefan, Jennifer López, Lady Gaga, etc.

Pintando la vida

> El signo determinante de mi destino:
> caminar, caminar siempre
>
> Atahualpa Yupanqui

Ana María

A veces las vocaciones saltan a la luz, gracias a los genes que los antepasados, o nuestros padres, dejaron en nosotros. Muchas veces los talentos se perfilan desde que somos muy pequeños. Este es el caso de mi hermana, Ana María. Desde muy chiquita, ya dibujaba y pintaba artísticamente. Eso podía verse en los dibujos que hacía sentada al enorme escritorio de abuelo Tata que se regodeaba viéndonos trabajar, con la lengua asomando a veces por el costadito de los labios en absoluta concentración. Ella hacía dibujos, los demás, monerías de niñitos, los más, irreconocibles...

Su pasión eran las muñequitas de papel. Las recortaba y las vestía con los vestiditos que venían en el libro, pero al rato la veíamos inventándoles modelos maravillosos, en formas y colores que sacaba de su creativa imaginación. Para nuestra admiración, les hacía un verdadero ajuar y nunca uno se parecía al otro.

Ya de quinceañera, comenzó inventando y cosiéndose vestidos no para muñequitas si no, para ella misma... ¿Y dónde había aprendido a coser? Misterio. Seguramente había observado a una señora muy pizpireta y graciosa, que venía de vez en cuando a coser para mamá. Pensamos que le había sobresacado algunos secretos de la costura. No se sabe. Lo cierto es que iba al cine y cuando salía de ver a Rita Hayworth, ya le había copiado y mejorado un modelo que le había visto usar. A la semana, salía con el modelito puesto, hecha una princesa. Anita era demás sumamente cuidadosa de su ropa. Nada se ponía que tuviera una arruga o una mancha, Sus estantes eran un modelo de orden...los de los demás...un nido de caranchos.

Cuando terminó el Bachillerato, quiso seguir estudiando Bellas Artes o Medicina. Mi padre, que era adverso a pagar por los estudios de las mujeres de la casa, para sorpresa de todos, no objetó la decisión de Ana María de estudiar 'para pintora' y le pagó su carrera. Reconoció que tenía talento de sobra, tal como la hermana de su Papá, Tita Mimí, que residía en nuestra casa y que era también pintora y creativa como Anita. Junto a Tita Mimí, Ana María aprendió no solamente de costura sino sobre la bondad de los mejores alimentos naturales para conservar la salud y cuáles era necesario eludir, así siempre supo conservar una bella figura. Ya, en aquellas épocas, cuando la gente ni había oído del Yogur, las dos se reunían para hacer Yogur casero que tomaban religiosamente cada mañana para el desayuno o a las 10 de la mañana.

Ana María aunque tenía además vocación de médica, sabía que mi padre jamás le hubiera aceptado esa carrera que se consideraba masculina. Igual, con voracidad, se leía todos los prospectos médicos que le llegaban a abuelo y que quedaban en la mesa de entrada, hasta que abuelo se percató y los requisó. Así llegó a saber bastante de medicina.

Ana era pertinaz y se tomó Bellas Artes en serio. Trabajaba en sus croquis y sus tareas de dibujo, sin cejar. Avanzaba a toda velocidad y al poco tiempo yo tuve que oficiar cada tarde de modelo, para que ella pudiera completar sus croquis.

- A ver, nena, sentáte mirando hacia la derecha y poné el brazo y la mano así y no te muevas... La cabeza más para atrás...así... y me mostraba cómo la quería.

Yo, admirada de las perfecciones que salían de sus manos, ni mosqueaba y me paralizaba hasta que me daba el "*dale, ya está*" que era la voz de mi libertad.

Al ratito, la orden de posicionarme correctamente era otra, seguida de otro rato de inmovilidad, estirada boca abajo o pies para este costado, manos para allí y la cabeza en alguna posición poco menos que imposible. Y los croquis se sucedían hasta llegar a 20, 30 o 40 según hubiera dictaminado su profesor de arte.

Era buenísima dibujando o pintando. Ya más grande, cuando se casó, enseñó a su marido, que se moría por dibujar y tenía talento para ello, los rudimentos y secretos del dibujo y la pintura hasta que se presentó en una agencia de publicidad que lo tomó enseguida, impresionados por sus dotes y creatividad. Ella lo ayudaba a cumplir con sus tareas y a inventar lo que fuera necesario, enseñándole además nuevas técnicas hasta que lo vio seguro de sí y listo para seguir por sí solo. En el entretanto, ella dio a luz, siete hijos.

Cuando los hijos se casaron y ya separada de su marido, Ana María siguió pintando. Hizo dibujos de cada niño de la familia que nacía, incluyendo los suyos, de suerte que casi todos sus hermanos y sobrinos tienen un retrato de sí mismos de bebé o de sus hijitos. Después comenzó a presentar sus propias exposiciones.

Cuando fui a Buenos Aires a visitar a mi madre, Anita me hizo un retrato maravilloso que todavía conservo y que está expuesto en mi habitación. Antes de irme de vuelta a Estados Unidos, me regaló otro de un rincón particular de su casita de Capilla del Señor que yo adoro y que puede verse en la pared de mi propio hogar, en Nevada.

La casa de Ana María es el orden mismo y un primor. Todo lo que los ojos alcanzan a ver es estético. Es además excelente cocinera. De sus manos creativas salen platos exquisitos, todos saludables al extremo y bellamente presentados. El jardín y un huerto pequeño al que le dedica su tiempo, responde dando verduras, flores y frutos. Las aves que los pueblan, benteveos, teru-terus, horneros que -como decía el poeta: "en sus nidos tienen alcoba y sala" y los habilidosos pájaros carpinteros que se la pasan martillando, están todos tan felices como lo estoy yo, cada vez que visito a mi compinche, una hermana querida, Ana María, o hablo con ella por teléfono por horas...

Tercera parte:

Momentos inolvidables

Rehaciendo la vida

> Conversaremos siempre, yo estoy seguro,
> allá en los montes altos, junto a los pinos,
> o abajo entre las piedras de los arroyos
> y haremos otro mundo para los niños.
>
> Atahualpa Yupanqui

Mi hermana Marta solía decir en broma que *mis viajes más largos eran alrededor del sofá*, es decir, no muy lejos del radio de vigilancia de mi madre. En dramático contraste con mi vida, mi amiga Vicky había atravesado el mundo desde España en avión y en barco acompañada de sus padres, no como turista, sino escapando de la venganza de Franco.

En todo lo demás, Vicky y yo teníamos educación y gustos similares. Las dos veníamos de familias intelectuales, de padres y abuelos médicos. La gran diferencia era que yo vivía una vida protegida del mundo exterior y ella no. Sus padres, herederos de una familia de renombre en el mundo intelectual y científico de Madrid, habían sido obligados a abandonarlo todo y a exiliarse.

Podrían haberse ido a Cuba donde los esperaban los abuelos, o a Chile donde sus tíos favoritos vivían hacía rato. Pero no. Prefirieron probar fortuna en Argentina. Tal vez ésta no fue una elección feliz. En Buenos Aires, Vicky y sus padres quedaron aislados de todos, distanciados de su familia y amigos y de las amenidades a las que estaban acostumbrados en su tierra natal.

Debido a que sus propiedades habían sido requisadas por el gobierno español, llegaron a Argentina sin nada más que lo puesto y con poquito dinero. Un tío empleado por Espasa Calpe Argentina fue su única salvación y su ayuda financiera en tiempos difíciles. Como solterón confirmado, siempre de viaje representando a la famosa casa editorial, no paraba mucho en su casa y por lo tanto era un buen respaldo, pero no gran compañía.

En España, el padre de Vicky había sido médico de renombre igual que su padre. En Buenos Aires, sus credenciales contaban muy poco. Por desgracia el esfuerzo que demandaba mantener a la familia no le daba tiempo para revalidar el título. La depresión lo paralizó. Sus días se deslizaban en trabajos menores donde su talento y conocimientos no tenían lugar. Viviendo en un departamento de un solo ambiente con una esposa y tres niños agudizó la sensación de encierro. Acostumbrados a casas enormes de techos altos y jardines, esta nueva manera de vivir se sentía como un cerrojo. En poco tiempo la desazón le partió el corazón y quietamente, de un día para otro, dejó de vivir.

Marta, Mamá, Angélica Vasquez, Vicky y yo, Carlos y Faustino eran amigos y Vicky y yo nos casamos con unos meses de diferencia, yo con Carlos y ella con Faustino

Cuando conocí a Vicky en la escuela estaba vestida de luto por el fallecimiento de su padre. Su mamá estaba siguiendo cursos de entrenamiento para ser representante de una conocida casa de artículos de belleza. En aquel tiempo a las mujeres que trabajaban fuera del hogar no se las veía con buenos ojos, pasaban mucha miseria. No había programas de apoyo, salario mínimo, o carreras profesionales de importancia para escalar posiciones y en cambio los obstáculos eran innumerables. La ayuda no llegó hasta que Eva Perón, instada por el socialista Palacios, se interesó en mejorar la condición de las mujeres. Por eso es que la amaron tanto...

Arreciaron los antagonismos en Buenos Aires pero presionando a los políticos se logró crear una serie de leyes-que deberían haber existido hacía rato- con el objeto de proteger la dignidad de los indigentes. Para entonces, Aurora ya había sido entrenada en cosmetología y había comenzado a trabajar vendiendo productos de belleza. De todas maneras, una ley, *la ley de la silla* la favoreció. Le permitía sentarse cuando estaba cansada sin riesgo de que la despidieran. También obtuvo un seguro social de salud que le daría el lujo de enfermarse de vez en cuando y tendrían que darle indemnización si por alguna razón perdía su empleo. Con ayuda de un pequeño salario, comisiones y la generosidad de su cuñado estaba por fin en condiciones de proveer para su familia. Era un alivio.

Cuando conocí a Aurora quedé cautivada de inmediato. Era alta, delgada, con un rostro pequeño de rasgos delicados. Se movía con la gracia de un junco. Podría adornar la carátula de una revista de modas. Usaba guantes, carteras y zapatos de cuero haciendo juego y elegante abrigos de invierno que regularmente le enviaban de España. Como mi madre, siempre estaba bien peinada, no hacía gestos bruscos y nunca alzaba su voz, aún cuando daba órdenes. Estas parecían más bien una sugerencia amable que a los niños no se les hubiera ocurrido desobedecer. Cuando entraba en el departamento, los chiquillos salían a su encuentro con una expresión de amor y alivio. Mamá estaba en casa. Aurora se servía un aperitivo y se sentaba a la mesa del comedor a charlar con los hijos. Yo era una más de la familia. Nos hablaba de España y sus costumbres, la comida, la música y los bailes de su patria, los parques, las fuentes, los museos y las obras de arte que exhibían. Yo la escuchaba como quien oye la voz de un reconocido cuentista. Me sentaba a oírla mimetizada por su acento llenos de zetas y eses sibilantes. Nos cantaba nanas de Manuel de Falla, arias de zarzuelas y recitaba versos de poetas de fama que Vicky ya se sabía de memoria. Me esmeré por aprenderlos.

Aurora nos regalaba con historias sobre las idiosincrasias de los escritores que frecuentaban su hogar madrileño ya fuera a la hora del almuerzo o en cenas tardías. Eran todos buenos amigos del abuelo de Vicky en cuya casa, Aurora y su esposo habían vivido desde su casamiento. Vicky había nacido en esa casona y adoraba a su abuelo. Se llenó de desconsuelo cuando supo que había fallecido de tristeza al poco tiempo de llegar a Cuba. Igual que su hijo, no sobrevivió el exilio.

Los amigos más íntimos de la familia habían sido Pío Baroja y Federico García Lorca, ambos famosos en España y el mundo entero. Con estos reconocidos intelectos, saboreando un café o un coñac se habían embrollado en ardientes discusiones, políticas y artísticas, de sobremesa.

De la mamá de Vicky aprendí sobre la música de Andalucía –el cante jondo-y los poetas de la Generación del 27, sin saber que años más tarde, en los Estados Unidos, en camino a un Master de Literatura, tendría que leer la obra de estos autores -Lorca, Rafael Alberti, Jorge Guillén, Dámaso Alonso, Luis Cernuda- con la sensación de haberlos conocido en persona. Ellos habían sido parte de mi infancia en Buenos Aires.

Aurora nos interesó en la lectura y en discusiones subsiguientes. Muchas veces sus preguntas estimulaban nuestros pensamientos y nos enseñaban a verbalizar ideas y a defenderlas. Vicky me prestaba sus libros así las dos leíamos con voracidad y nos trenzábamos en inacabables conversaciones sobre su contenido. Sin que nos diéramos cuenta, Aurora nos estaba entrenando en oratoria y literatura.

Con la mamá de Vicky aprendí sobre la guerra civil española y sus efectos devastadores que arrasara con creencias, sistemas de vida, culturas e ideas, dividiendo a los españoles y al mundo entero en bandos opuestos llenos de odio y rencor. Este tema me intrigaba y asustaba sobremanera, ya que era objeto de acaloradas discusiones en los almuerzos de mi casa, entre creyentes y ateos, liberales y conservadores, que jamás lograban ponerse de acuerdo.

Entre los cuentos de Aurora me impresionó el de Miguel Hernández, un sensible poeta español, que sufrió encarcelamiento por sus ideas y eventualmente murió de pena y torturas sin haber podido ver crecer a su primer niño. Años más tarde, su poema **Las nanas de la cebolla** fue musicalizado e inmortalizado por el famoso canta-autor catalán Joan Manuel Serrat. Tampoco imaginé entonces que en un futuro llegaría a cantar con emocionado placer la poesía de Hernández a quien había conocido a través de la mamá de Vicky.

Como consultora de belleza de Elizabeth Arden, Aurora nos daba lecciones sobre el cuidado del cuerpo y de la piel. Nos regalaba muestras y nos aconsejaba qué debíamos comer. Con su gusto impecable nos enseñaba a vestirnos con esmero. De ella aprendimos Vicky y yo a ser señoritas con cerebro y lectoras voraces con sentido crítico.

El acento de Vicky y su madre y su manera de hablar de **tú** en vez de usar el **vos** de los argentinos era un motivo de deleite para mí. Años más tarde, me sería de suma utilidad durante mis cinco años en Chile y después en Estados Unidos, enseñando español.

Sin saberlo, la vida me iba preparando para enfrentar mi futuro. De Vicky y su mamá iba aprendiendo un extenso vocabulario, diferente al nuestro, salpicado de gracia y dichos llenos de salero, que me serían invaluables más adelante, como profesora.

Pasaba mucho tiempo en la casa de Aurora así que mi madre insistió en conocerla. Mamá las invitó a casa a tomar el té. Me puse muy ansiosa. Sabiendo que mi abuela me había corrido cada amiga que tenía, me preocupó que mi madre quisiera hacer lo mismo. Aurora me previno que cualquiera que hubiera escapado de Franco sería de inmediato tildado de comunista y ateo y no sería visto con buenos ojos por mi familia. Por pura aprensión me negué a considerar esa posibilidad.

La noche después de su visita, Mamá me llamó para tener una seria conversación conmigo. Me ordenó dejar de ver a Vicky o visitar la casa de Aurora. No eran buenas influencias para mí. No eran creyentes y estaban en contra de Franco. No había más que decir. Mi amistad con Vicky debía terminar aquí.

Esta vez iba a pelear por ella y por lo que yo pensaba, era mi derecho. No me iba a dejar amilanar y pasar por arriba. Nada iba a separarnos y menos el temor a sus ideas. Por lo que me había tocado ver, Vicky y su madre nunca habían puesto pensamientos en mi mente que fueran en contra de los valores de mi familia. Al contrario. Aurora insistía en que debíamos ver los dos lados de una moneda y las razones a favor o en contra que inspiraban la conducta humana. Lo que pasaba en su país era resultado del cruce de ideas y creencias extremas. Cada lado defendía lo suyo apasionadamente, creando odios. De esos profundos desacuerdos nacían las guerras civiles, las revoluciones y las guerras mundiales con todas sus terribles consecuencias para justos e inocentes. Nadie se salvaba. Aurora nos estaba enseñando a pensar y evaluar. Aprendíamos ciencias sociales. Sin darnos cuenta nos estaba ayudando a crecer y a superar la edad más difícil: la pubertad.

Para defenderme de mi madre, inventé una estrategia que más tarde Mahatma Gandhi utilizaría en la India en su lucha contra el imperio inglés: la resistencia pasiva. Evité discutir el tema con mamá. La mayoría de las tardes, a la salida del colegio me iba directamente a lo de Vicky, donde tomábamos el té y me quedaba hasta la llegada de Aurora. Después de hacer un rato de tertulia volvía a casa sin decir palabra. A mi llegada, mamá usualmente había salido con amigas o con papá y no tenía idea de si yo había estado o no en casa, o a qué hora había llegado, si había hecho los deberes del colegio o no y dónde. Aproveché las ausencias de mamá sin tener que mentir o explicar nada.

Al tiempo mi madre descubrió mi sistema y me confrontó. Mi personalidad que hasta ese momento había sido pasiva y sumisa, entró en rebelión. En términos claros le expliqué que esta vez no iba a aceptar más interferencias que arruinaran mi amistad con quien fuera. Estaba preparada y decidida a dar guerra, pues iba a continuar siendo amiga de Vicky y de su mamá para el resto de mi vida y no había poder en el mundo que pudiera disuadirme de lo contrario. Debo haber sido muy convincente, porque mamá respetó mi decisión y no se volvió a hablar del asunto.

Tal vez para ayudarme a defender mi posición, Aurora instó a Vicky a enrolarse en una clase de preparación para la Confirmación. Vino bien, porque nunca más tuve que volver a defender nuestra amistad. Tomamos las clases juntas y esto pacificó a mi familia.

Años después, Vicky se casó y unos meses más tarde lo hice yo. Nuestros maridos eran íntimos amigos. Vicky tuvo cinco hijos y yo dos. Su primer niño, Ignacio, fue mi ahijado y Vicky fue madrina de mi primer hijo, Juan Cruz. Así además de amigas éramos ahora comadres de por vida.

Cuando Ignacio tenía quince años, Aurora falleció y al tiempo el marido de Vicky abandonó a la familia. Vicky quedó sola con sus críos y, como Aurora antes de ella, tuvo que aprontarse para ganarse la vida. Para entonces, yo ya estaba instalada en los Estados Unidos.

En Argentina, los militares seguían heredando el gobierno y el país nadaba en un caos político que, como un terremoto, había removido los cimientos de la cordura. Nadie estaba a salvo de su movimiento. Los militares se sentían acosados por las guerrillas que se estaban organizando, armadas hasta los dientes, para

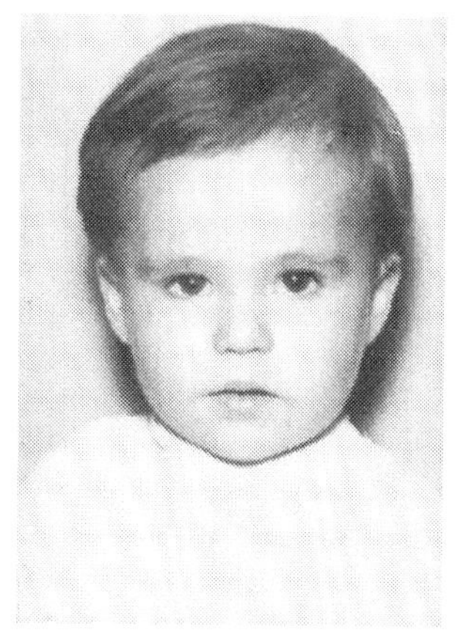

Ignacio, mi ahijado

defenderse de la corrupción gubernamental y las injusticias económicas rampantes. Los hambrientos no tenían nada que perder, más que la vida. Los militares en venganza torturaban a sus enemigos políticos y estrellaban sus cuerpos vivos arrojándolos desde los helicópteros al mar. La violencia recrudeció y pronto de las armas se pasó a las bombas. Los secuestros de la policía política y los asesinatos eran la orden del día. Gente de todas las clases sociales desaparecía sin dejar rastros para ser descubiertos años más tarde en una fosa común con otros tantos cuerpos. El terror más grande era dejarse detener con una libreta de teléfonos y direcciones en el bolsillo. Entonces todos caían, tanto implicados como inocentes. Nada tenía ya valor. Era un recordatorio de la guerra civil que había minado y dividido a la familia de Aurora y que tantas vidas habían costado.

Una tarde en Nueva York, recibí un llamado urgente de Vicky. Mi ahijado Ignacio había sido detenido y secuestrado a la salida de un cine. En un Falcón negro, el auto de la policía política, se lo había llevado a la fuerza y a los amigos que lo acompañaban también. Nadie conocía su paradero. Vicky estaba enloquecida de terror. De inmediato contacté a *Amnesty International* una organización que, entre otras cosas, se ocupa de localizar gente desaparecida en cualquier país. Me prometieron averiguar qué se había hecho del jovencito.

Una semana más tarde, Vicky me llamó rogándome cancelar la búsqueda. La policía militar la había amenazado con secuestrar uno por uno a sus otros cuatro niños si ella trataba de localizar a Ignacio. Tuve que llamar a *Amnesty International* y dar contra orden. Vicky y sus hijos quedaron entonces librados a su aflicción, sin ayuda, sin saber el destino de su hijo, ni su paradero.

Después de más de doce años de ausencia, cuando el país empezaba a pacificarse con un gobierno un tanto más democrático, decidí visitar Buenos Aires. Llamé a Vicky y quedamos en encontrarnos esa noche en su departamento. Cuando llegué no había nadie, así que decidí esperar su retorno en la vereda. Vi a una señora anciana cruzar la calle, inclinada y andando con paso inseguro. Cuando debatía con lo frágil que se veía y si precisaría mi ayuda, la señora se fue acercando y me percaté de que era Vicky. El sufrimiento la había transformado. Estaba irreconocible.

Nos sentamos como lo habíamos hecho en el pasado, frente a una taza de té a rememorar los años de separación y distancia, las penas y dificultades de la existencia. Me contó del tiempo en que había perdido su deseo de vivir y su integridad mental. Su mayor tortura era no saber si Ignacio había sido asesinado o si había sobrevivido su desaparición. Si debía o no seguir buscándolo. Y si lo habían matado, cómo había sido muerto, por qué y por quién. Esta vez Aurora no estaba allí para aconsejarla. Tampoco yo para ayudarla. Estábamos maniatadas en un limbo sin respuestas.

A pesar de todo, Vicky, como lo hizo anteriormente Aurora, encontró dentro de ella suficiente coraje como para rehacer su vida, recuperar su peso y volver a lucir hermosa como su madre. En sus cuatro hijos halló consuelo y compañía. Todos se casaron y le dieron nietos y nietas para distraer su pena. Como su abuela Aurora, a la que nunca conocieron, los nietos pertenecen a una generación inteligente y políticamente alerta. Los yernos de Vicky son también personas de convicciones claras, definidas y listos para defenderlas. Forman una numerosa familia extendida que la apoya y la necesita.

Regularmente hablo con Vicky por teléfono o por correspondencia electrónica. Seguimos en contacto durante los cumpleaños y para mantenernos al tanto de nuestras vidas. Con un "como te iba diciendo..." retomamos nuestras conversaciones sin tomar en cuenta el tiempo que ha pasado desde la anterior.

Aunque sigue vívido en nuestra memoria, no hablamos de Ignacio, es un capítulo demasiado penoso, pero recordamos a Aurora, nuestra primera maestra, con alborozo. El hogar de Vicky es, como el de su madre, un lugar de conversaciones interesantes donde las ideas se barajan e intercambian junto con la poesía y la música, pero un poco más bullicioso.

Ángeles en el camino

Cuando se abandona el pago
y se empieza a repechar,
tira el caballo p'alante
y el alma tira p'atrás
Atahualpa Yupanqui

Nuestro viaje por el río Paraná fue tal como las canciones del área lo describen. Camalotes deslizándose río abajo, las laderas de la costa resplandecientes con su manto de flores azules, las arpas cadenciosas, acariciadas por manos invisibles, llorándole a la noche desde la cubierta del barco y una toronja de luna iluminando las estelas abiertas por su quilla. Sus arpegios templaron la ansiedad de nuestros corazones.

Carlos

Mi marido Carlos y yo, con nuestro primer hijo, Juan Cruz, íbamos a probar fortuna a la Provincia de Entre Ríos, en el Noreste Argentino.

En Buenos Aires no había trabajo pero éramos jóvenes, con un futuro por construir y en su búsqueda íbamos. Estábamos dispuestos a hacer cualquier cosa pues, teníamos un bebe que alimentar. Ansiosos por la falta de perspectivas, aceptamos la oferta de un pariente de cuidar su casa de campo y un criadero de pollitos cerca de Paraná, libre de alquiler, a cambio de espacio para criar conejos de Angora, nuestro sueño secreto.

Desembarcamos en Paraná. Al otro día abordamos un autobús que nos dejó a unas cuadras de distancia. Con el bebé y nuestros bártulos a las espaldas, caminamos hasta la casa. Era rectangular, con tres habitaciones principales extensas, una cocina, un bañito y una cuarta habitación por detrás. Esta última iba a servir para los primeros conejos. La vida a la que estábamos acostumbrados iba quedando distante. Esa noche descubrimos lo que nos esperaba.

No había electricidad, lo que suponía que debíamos levantarnos con el alba y acostarnos a la llegada de la noche. El baño estaba a medio terminar. La plomería, visible a flor de tierra, estaba en posición de descanso. O sea que habría que bañarse, al estilo de los pioneros, en una tina de madera. *El agua está contaminada* decía un letrero colgando de las cañerías. Visibles criaturas bailaban en el agua. Habría que hervirla cada vez y además pasarla por un colador de gamuza antes de beberla.

La cocina era una anomalía negra como la noche, con una bocaza que daba miedo. Tenía una apertura rectangular, oscurecida por milenios de fuegos despiadados quemándole las entrañas. A un costado, estaban apilados el carbón y la leña para encenderla. Yo, que no sabía casi cocinar en una cocina regular, no tenía idea cómo iba a controlar el fuego y hacer algo de comer en este monstruo medieval.

En los días que siguieron, el patio exterior cubierto de viñas iba a ser mi consuelo. Un área en especial estaba rodeada de cítricos de toda clase: naranjas dulces y amargas, mandarinas, toronjas y pomelos. Bajo su fronda descansé en las ardientes siestas y me sacié de sus jugos frescos que calmaban la sed, mientras escuchaba el parloteo de las aves y contemplaba el sueño de mi niño.

El mismo día que llegamos, comenzamos a clarear y preparar la tierra de cultivo que nos daría alimento. En un potrero descubrimos un caballo viejo y rebelde y un carromato que parecía heredado de la Revolución Francesa. Sería nuestro medio de transporte. El pobre equino tendría además que oficiar de buey y arrastrar el arado.

Fue la generosidad de nuestro único vecino en millas a la redonda que nos salvó de morirnos de hambre. Nuestra determinación por aprender las habilidades que eran suyas desde la niñez lo conmovió. Casualmente dejaba a nuestra puerta arpilleras llenas hasta el tope de papas, zanahorias, repollos, zapallos, rábanos, tomates, lechugas y hierbas para sazonar, como tomillo, romero y albahaca, todo lo que él cultivaba. Cuando nos visitaba, nos regalaba secretos para mejorar nuestras destrezas campesinas. Literalmente, este hombre compasivo y generoso nos mantuvo vivos hasta que conseguimos sacarle a la tierra nuestras primeras papas y verduras y logramos vender los primeros paquetes de pelo de Angora.

Juan Cruz y el conejo de angora

Para entonces nuestros conejos se reproducían a velocidad sorprendente, más rápidos que mi marido construyendo las conejeras. El trabajo de manutención era extremo. Aprendí cómo ponerles gotas en la nariz y en los ojos a los conejos, todos los días, con el fin de disminuir su tendencia a los resfríos que podía diezmar la población en unos segundos. Por lo mismo, había que mantener las conejeras impecables, y peinar a los conejos diariamente, uno por uno, hasta que su lana se viera lacia y sedosa. Después, con afiladísimas tijeras, se cortaban las hebras en tres etapas y se dividían en tres bolsas de acuerdo a su calidad.

Toda la majestuosa presencia de los conejos semejando enormes óvalos blancos, espumosos, mullidos, más plumón que lana, después de los cortes, se desmoronaba. Pelados, los gazapos quedaban reducidos a la mitad de su tamaño y con su transparente piel rosada parecía unos pequeños y miserables ratones. Daban pena. Nos divertía verlos preparar sus nidos. Entonces, para facilitarles la tarea les dejábamos cerca papel blanco y les cubríamos las conejeras para darles mayor privacidad.

Un año más tarde, cuando nos estaba empezando a ir bien, en mitad del invierno, nos golpeó la fatalidad. Caí en cama con una violenta fiebre. Una hepatitis infecciosa ocasionada por el agua contaminada me puso en cuarentena y en aislamiento absoluto. Por momentos perdía conciencia de los alrededores y entraba en un mundo febril poblado de imágenes de pesadilla donde aparecían todos mis temores reflejados en caras de extraños que se reían a carcajadas de mi miseria y me la echaban en cara. En mi duerme-vela recuerdo vagamente la prohibición de acercarme al bebé por temor al contagio.

Mi marido se hizo cargo de todo: Lavar cuarenta pañales diarios en agua previamente hervida y las ropas del niño, cocinar, limpiar, mantener el caballo, los conejos, los pollitos, la huerta, alimentar las lámparas de querosén y hacer las compras. Un resultado positivo de mi enfermedad fue que compró una cocina de gas. Además de todo, Carlos tenía que ocuparse de mí, una mujer irreconocible y desvalida.

Cuando comenzó a desesperar de su capacidad para sobrevivir este régimen inhumano, una completa extraña apareció a nuestra puerta. Con timidez se introdujo:

-Me llamo Teresa.

Después le explicó a mi sorprendido marido que, de ahora en adelante, ella se haría cargo del niño y de mí. A través de la radio más rápida, confiable y popular en el campo, *la comidilla*, había escuchado de nuestro apuro: Una joven esposa muy enferma, con un bebé de un año y un marido teniendo que ocuparse de todo.

-Comprendo su percance y bueno, aquí estoy. Vendré todos los días.

Teresa vivía a cuatro millas de distancia con su cuñada Margarita. La ayudaba a criar sus cinco hijos y le hacía compañía mientras el esposo de Margarita viajaba por la provincia abriendo pozos de agua y montando molinos de viento. Cuando él se iba, la familia carecía de transporte. Entonces, todo se hacía a pie.

Desde que habíamos llegado a Entre Ríos, no habíamos escuchado palabra de nuestras familias. No podíamos contar con ellos, así que mi marido agradeció de corazón esta ayuda generosa e inesperada.

Por los siguientes cuatro meses, Teresa se ocupó de lavar pañales, mis sábanas, mi ropa de cama y la ropa de trabajo de Carlos. Me bañaba a mí, a mi bebé y cocinaba para todos.

La pileta estaba afuera, abierta a los elementos, y lavar allí era una tarea inmisericorde. Teresa llegaba con la aurora y se iba a la caída del sol. Eficiente y silenciosa, no paraba un minuto de trabajar. Aunque lloviera a cántaros, los relámpagos zigzaguearan por el cielo, o el viento amenazara con volarnos de la existencia, Carlos podía confiar en que vería a Teresa aparecer, imperturbable, indiferente a la inclemencia de los elementos, exacta como un calendario solar. De mi hijo sólo se oían sus gorjeos. No lloraba nunca.

Cuando comencé a ganar conciencia de mi medio, descubrí a Teresa. Me trajo al bebé a la puerta de la habitación para que yo lo viera. Desde mi cuarto lo escuchaba reír y parlotear como uno de los pajaritos del patio. Se lo veía bien cuidado, limpio, con los ojos brillantes de gusto y las mejillas como manzanitas. Me llamó la atención las sábanas fragantes, planchadas, mi camisón inmaculado y la comida especial cocinada por Teresa para ayudar a mi recuperación.

Aunque era parca de palabras, de a poco me enteré que tenía cuarenta años, nunca se había casado y había sido la partera de los cinco críos de su cuñada. Su piel curtida por el viento y el sol la hacía parecer mucho mayor. Era bastante más alta que mi marido. Se veía como una persona acostumbrada a una vida dura, de sacrificios. Sus ojos eran cautelosos. Emanaba una gran dignidad y su seriedad comandaba respeto. Mi hijo estaba loco por ella. También se había ganado nuestros corazones. Estábamos profundamente agradecidos a todo lo que hacía por la familia.

Con ayuda de Teresa, empecé a levantarme y a caminar colaborando en la cocina y con lo que podía. Cuando me recuperé, tal como había llegado, silenciosa y sin aspavientos, Teresa se retiró, rehusando cualquier pago.

-Vine porque me necesitaban, no para recibir salarios, afirmó.

Unas semanas después de su partida, invitamos a Teresa, Margarita, su esposo Andrés que acababa de llegar y a sus cinco chiquillos, para un mate con galletas y bizcochos caseros que había aprendido a hacer. Pasamos una tarde encantadora bajo los árboles conversando y Margarita me enseñó a hacer pan en el horno de barro que había en la propiedad.

Después de una segunda visita, Teresa nos invitó a su hogar a compartir un asado de ternero. Vivían humildemente, con mínimo confort pero mucho amor, en una casa de adobe levantada por su hermano. En una habitación vacía, alrededor de una sólida mesa rectangular, hecha también por las manos de Andrés, Margarita, su familia y la mía nos sentamos a celebrar el retorno sin percances del marido y la recuperación de mi salud.

En el centro de la mesa, sobre una tabla de madera descansaba un cordero asado y dos hogazas de pan redondas y perfumadas, horneadas por Margarita. Había un solo un tenedor y un solo cuchillo para ser compartidos por todos. No vi platos. Andrés dijo unas palabras de agradecimiento honrando la ocasión, cortó un pedazo de cordero, lo comió y pasó el tenedor y el cuchillo a la persona siguiente. Al llegar a los niños, Teresa o Margarita ayudaban. Como un ritual, el tenedor y el cuchillo hicieron varias veces la ronda de la mesa, pasando de mano en mano, hasta que acabamos el cordero. Después, bajo los árboles del patio bien apisonado y barrido por las mujeres, cebamos *mate* acompañándolo con *pastafrolas* y bizcochitos de grasa hechos por Teresa. No lo sabíamos, pero ésta sería la última cena que íbamos a compartir.

Casi enseguida, la vida de Andrés cambió. Fue contratado para llenar un trabajo en otra provincia, lo que requería una dedicación total, por lo que resolvió llevarse a toda la familia. Perdimos todo contacto con los Shoenfeld cuando nosotros, también bajo contrato, dejamos Entre Ríos para irnos a vivir a Chile. No volvimos a vernos.

Hasta ese momento yo no me había percatado de que para ayudarnos a nosotros, Margarita tuvo que haber aceptado lidiar sola con sus cinco hijos mientras Teresa nos dedicaba todo su tiempo. Sólo por consentimiento mutuo, pudo Teresa venir a rescatarnos. Aún considerando el extremo de mi enfermedad, de mi familia no recibimos ni una visita, ayuda o llamado a través de terceros. Esta familia, que ni nos conocía, nos salvaron.

La generosidad desinteresada de estas dos mujeres fue una poderosa lección para Carlos y para mí. Los que tenían una posición precaria en la vida fueron los que más nos dieron sin esperar nada a cambio, compartiendo con nosotros lo poco que tenían, sabiendo que al hacerlo quedaría menos para dividir entre ellos mismos.

Esta historia del cruce de nuestras fortunas, esta lección de vida, es un tributo a la memoria de estos amigos y a la de mi marido, Carlos.

Jujuy, El Charango y yo

Jujuy... reino de arcilla y cobre,
-alto y seco-
Huraño y sereno a la vez.
Atahualpa Yupanqui

En las canciones andinas el término *Jujuy* denota alegría o sorpresa. Cuando algo se ha logrado o descubierto gritamos: ¡Jujuy! Es también el nombre de una provincia Argentina asentada en una meseta de los altos Andes, en la Puna, limitando con Bolivia.

Allí el aire está enrarecido. Para respirar normalmente y evitar el *apunamiento,* la gente de la región, los *kollas,* mastican hojas de coca o hacen con ellas un té. En la altitud extrema, los oídos y la nariz sangran, la cabeza duele y el itinerante pierde la orientación. Una somnolencia invencible, provocada por la altura, es causa de muertes en la montaña. Caminantes avezados pueden en un descuido sucumbir. La coca que mascan por largo tiempo, es su salvación.

Niños Incas y Humahuacos fueron hallados, intactos, bajo la nieve en la misma posición en que el sueño los venció. Una canción de Atahualpa Yupanqui, *Indiecito Dormido,* cuenta su historia para refrescarnos la memoria y que nos sirva de alerta.

Como precaución, los *kollas* llevan siempre al cinto una *chuspa,* una bolsita llena de hojas de coca para usar, cuando el castigo de las alturas llega callado como niebla. Después de un trabajo agotador en las minas, andando por las cuestas arriba y abajo sin descanso, con bolsos pesados como piedras colgando de la frente, atados con cintos en sus cabezas, sus espaldas, sus hombros, el *acullico* es redención y alivio. En cuanto el turista arriba a Jujuy, se le ofrece un té de coca. En Jujuy es indispensable. Lo mismo experimenté en México. El té de Coca allí fue mi salvación del mal de altura que me hizo pensar que me moría.

Soñaba en que algún día llegaría a ver las alturas de Humahuaca.En las estrofas del folklore que aprendí de niña e interpreté de joven, las sentía mías, las veía.

Pude al menos cumplir mi primer sueño: acompañar mis canciones favoritas en *el charango*, acariciar con las manos la pequeña guitarrilla de los Andes, palpar su caparazón de armadillo con su pelambre dura, todavía visible. Me dije: -Es su pequeño corazón el que endulza su sonido.

Cuando toco las canciones del Ande, aunque las canto en español, siento como si las cantara en Quechua. Ellas me hablan, me recuerdan la voz de Pachamama, nuestra Madre Tierra: ¡*Runáchay; ama conkáichu*! ¡Niña *kolla*, no me olvides! ¿Y yo? ¡Cómo crees que podría olvidarte! Cuando canto abrazada a mi charango, soy esa niña. Creo ver entonces tus paisajes lunares, tus cuestas policromas, tus pedregales, tus paisajes llamándome, invitándome. Las voces de las bagualas y sus mensajes me conmueven con sus lloros de amor, su lumbre, su dolor. La gracia de huaynos y carnavalitos, los bailecitos, los ritmos alegres y vivos de tus danzas me invitan a revolear un pañuelo y a bailar bajo los rayos del sol del mediodía, bajo el arco iris que dejó la tormenta, bajo la miríada de estrellas que llegan con la noche.

En esos momentos, me veía, me soñaba en Jujuy, Salta, Tucumán, cuna del folklore de mi patria, en los lugares donde el Inca había dejado su sombra, su huella. Pero la realidad fue otra. Iba a vivir la mayor parte de mi vida fuera de esos territorios. Para acercarlos a mí, así que llegué a Estados Unidos cambié mi nombre a Suni Paz. En quechua, Paz Duradera, así me reconozco. Esa sí soy yo. Y con ese nombre, me puse a cantar.

A veces me entristecía pensando. Tan lejos de Argentina, ¿cómo voy a lograr mis deseos de llegar hasta Jujuy, al pie de los Andes o a sus alturas? ¿Podré, algún día?

¡Quién iba a poder imaginar que de la noche a la mañana una Fullbright, ganada en los Estados Unidos, abriría las puertas de mi destino y sin más me hallaría trotando en un ómnibus que, con tambaleos de guagua aprendiendo a caminar, zigzagueaba al borde de precipicios y pasos escondidos entre las montañas del Ande, poniendo en peligro mi vida y la de treinta maestros gringos!

Durante el viaje, para distraer el susto que traíamos, acompañándome con mi charango canté canciones inspiradas por los letreros que veía en el cruce de los pueblos: *El Nevao, Tolar, Tilcara, Candelaria, Pullay, Aromo, Salavina y Chañares.* Cada palabra

impresa me traía un retazo de canción a la memoria, un lenguaje milenario, un paso de baile, un instrumento olvidado.

A la entrada de Jujuy, el autobús se detuvo. El cielo era un pabellón de color azul celeste. No se veía una sola nube. Sólo las montañas como un telón de teatro se extendían en la cercanía de un extremo al otro. A la derecha, por la ventana, vi un letrero: Monumento al Indio. Una escalera de piedra llevaba a lo alto, donde en toda su majestad, se veía en bronce la figura de un Inca vigilando su territorio.

-¿Cuántos escalones hay hasta lo alto? Le pregunté al guía que nos acompañaba.

-Cien, nomás.

Era la primera vez en mi vida que veía, no en película, ni en fotografías pero en persona, en una escultura gigante, a un cacique indígena siendo honrado en efigie, su figura perpetuada en forma imperecedera para la historia.

Sin dudar un momento, salté del autobús y respirando un aire que nunca había entrado antes a mis pulmones, comencé a subir por la piedra, primero andando y luego corriendo. De abajo me llegaron las voces:

-¡No corras, te van a sangrar los oídos y la nariz! ¡No corras!

Pero yo no podía obedecer. Me sentía invencible. Presentía que había llegado a mi hogar, al centro de mi ser. Desde lo alto, con los ojos ardientes de lágrimas lo reafirmé cantando a voz en cuello los versos de la baguala: -*De acá mesmo soy. De acá mesmo soy.*

Desde esa altura ventajosa podía ver abajo el mercado de frutas y verduras y a los *kollas* subiendo y bajando en movimiento serpentino, como danzantes, por las escarpadas colinas, hilos de colores contra el telar de la tierra gredosa. Detrás, inmutable siempre, la montaña, cambiante, mostrando una gama de tonos:

del ocre al rosa. Otra parte de mi sueño acababa de cumplirse. Estaba al fin en Jujuy!

No lo sabía todavía, pero la tercera y última parte de mi fantasía no tardaría en realizarse. Bajé corriendo las escalinatas de piedra y encontré a mis colegas sufriendo ya los males de la altura. Por el contrario, yo que siempre había sentido falta de aire, de espacio, acababa de encontrarlo.

Era la hora de almorzar y hambrienta entré en el comedor del hotel. Era un espacio inmenso con diez hileras paralelas de mesas comunes una siguiendo a la otra a todo lo largo. Un ventanal cubría enteramente una de las paredes y a través, como una segunda pared exterior, se veía la montaña multicolor que nos había recibido. Bajo la vidriera había un grupo de músicos de la zona vestidos con las ropas coloridas de los Andes. El sonido de charangos, cajas, bombos, quenas, pincuyos y zampoñas, llenaba el aire marcando el ritmo de un bailecito.

Sin pensarlo dos veces, tomé una servilleta de papel de la mesa y salí a bailar. No me importaban los miles de ojos puestos en mí. No los veía. Mi alma entera estaba en ese baile. Una jovencita hizo lo mismo, tomó una servilleta y se transformó instantáneamente en mi compañera. Juntas, danzamos y danzamos hechizadas por el momento, la vista de la quebrada y los sonidos que nos llenaban el alma, en perfecta sincronización de movimientos y saludos dibujados en el aire con los improvisados pañuelos.

Con la última nota los músicos se nos acercaron

-¿Querríamos bailar otro bailecito? En la región ya casi no se bailaba y era su baile favorito. ¿Uno más?

Ni lo pensamos. Ya estábamos listas, una frente a la otra esperando el comienzo. Arropadas en la melodía familiar como por un poncho, los brazos en alto, revoloteando los pañuelos que manos generosas nos habían facilitado como si fueran alas, bailamos una vez más, con el alma y el corazón, los pasos del bailecito quebradeño.

Acabado el baile, con un abrazo, agradecí a la jovencita su compañía y me alejé hacia la mesa donde mis colegas y el charango me esperaban. En ese instante se me reveló por qué yo y mi charango estábamos allí. Como en una visión, lo vi claramente. Estábamos visitando a nuestros ancestros, aquí, donde en otra vida, tal vez, los dos habíamos nacido.

Mi padrino

Que bello mundo es tu mundo,
mi niño, ah, ah, mi niño…
Atahualpa Yupanqui

Rogelio Nieva, mi padrino

ROGELIO NIEVA, doctor, ginecólogo, egresado de Obstetricia, trajo al mundo a los seis hijos de mi mamá y a los de mis hermanas. En total, solamente contando los de mi familia, fueron como unos veinticinco niños.

El asistió a mi bautizo y me recibió en sus queridas manos. Era un hombre ingenioso y sabio y por lo tanto muy querido de mi padre que lo apreciaba como colega médico y como amigo. Se habían conocido de jóvenes y antes de que mi padre conociera a mi mamá.

Cuando estaban juntos, hacía reír mucho a mi papá compartiendo anécdotas de los tiempos de Universidad, y recordando las barrabasadas de amigos comunes con los que habían participado también de muchas bromas.

Era un hombre de una profunda honestidad y un fiel amigo de la familia. Aunque no era muy comunicativo, yo lo quise con el alma, pues desde chiquitita recibí de él solamente cariño, visitas y también mis mejores regalos. Yo pensaba que él me adivinaba el pensamiento.

Cierta vez, cuando estaba añorando un novedoso juego para niños llamado los Troncos de Bariloche, con los que se podían construir casas y chalets rústicos y otras cosas que se nos ocurrieran, Rogelito llegó de sorpresa con un inmenso paquete: el juego que yo anhelaba!

Ya quinceañera, se interesó mucho por lo que yo deseaba hacer de mi vida. Fuera de Tiasu, a nadie le interesaba.

Cuando al fin se retiró, se fue a vivir lejos de Buenos Aires adonde fui a visitarlo varias veces y me llevó a que visitara su casa, una gran habitación colonial muy humilde y a conocer a su mamá, que por cierto, al despedirnos, por ser yo la ahijada, me regaló unas hermosas y antiguas joyas que habían pertenecido a su familia.

En uno de mis viajes para visitar mi país y a mi gente, aproveché de ir a visitarlo. Ya estaba muy enfermo y me anunció que esa sería la última vez que nos veríamos...y así fue.

Sin embargo, él sigue siempre conmigo, en mi corazón.

Tiarro

Le cantan los chalchaleros
como eligiendo su trino.
Atahualpa Yupanqui

Tiarro

Divertida, o como decía Tula, "Chimpleta", una palabra que me imagino sacó de su vocabulario Catalán, mi sueño dorado era que Tiarro llegara a casa a visitar a mi mamá.

Los mejores recuerdos que guardo de ella es que sabía jugar con los niños. Mi alegría era que se dejaba peinar.

En cuanto Tiarro llegaba, yo salía corriendo a recibirla y luego me apersonaba de todo lo que encontraba para jugar "a la peluquería."

Tiarro se sentaba con mamá a la mesa del comedor a charlar a gusto de sus cosas, mientras se tomaban un té, con cosas ricas, si eran las cinco, o unos traguitos, si eran las siete. Entonces yo era la que molestaba para que me dieran de probar un poquito del Jerez que se servían. Aunque hablaban como loros, porque tenían mil cosas que contarse, yo no las oía, ensimismada como estaba en que mis rulos y subsecuentes peinados estuvieran a la moda y de lo mejor. Después le tocaban a las uñas.

Recién de grande me di cuenta de la paciencia y el amor que se requería para "dejarse hacer" sin quejarse, o molestarse. Si ella ya se había hecho las uñas antes, yo le sacaba todo el esmalte y se las "hacía" de vuelta.

Jamás se quejó...y eso me ha enseñado, aquí, en los Estados Unidos, a "dejarme hacer" lo mismo por la hijita de mi sobrina

Marcela, llamada *Bella*, que es tan bella y amorosa como su nombre.

A Bella le encanta maquillarme y arreglarme el pelo con ruleros y fijarlo con "sprays" y pintarme las uñas de diferentes colores y que después sea yo quien la peine, la maquille y le pinte las uñas. Y me pone cintas, ruleros, bandas y turbantes en el cabello...

Tengo que decir, que de Tiarro, aprendí la paciencia de ponerme en las manos de ésta pequeña.

Tiarro me dejó las mejores memorias de niña y ejemplos de amor y buen humor.

Estos, mis hijos

Me doy al barro para crecer
en la hierba que amo
Atahualpa Yupanqui

El humor es una gracia importante que la vida nos regala. Nos abre ventanas donde no hay ninguna. Llega a ser el haz de luz anunciando el final del túnel. Por cierto me ha salvado más de una vez de caer en el abatimiento y la melancolía.

Cuando mis hijos llegaron a la pubertad comenzaron a darme dolores de cabeza y a hacerme la vida imposible. Para no volverme árida y antipática, decidí tratar de verlos bajo una luz más amable y graciosa.

Estudiándolos llegué a la conclusión que parecían dos niños sobre un sube y baja. Cuando uno estaba alegre y lleno de energía, todo sonrisas y bulla, el otro estaba deprimido o melancólico. Cuando uno estaba furibundo conmigo, el otro me adoraba y volcaba en mí toda su ternura. Cuando uno trataba de mantener un equilibrio frenético barajando tres proyectos escolares a la vez, el otro se recostaba en la hamaca del porche y no era capaz de pararse a buscar un vaso de agua para un muerto de sed, mucho menos para levantar un libro de lectura. Si por casualidad mencionaba a un hijo lo que me estaba molestando del otro, saltaba en su defensa con la pasión de un mosquetero defendiendo a su camarada de armas. Al final, no se sabía cómo ¡la falta era toda mía!

Pronto caí en la cuenta que cuando eran más pequeños siempre había ocurrido más o menos lo mismo. Tomaban turnos en sacarse las mejores notas o las reprimendas. Como fuera, yo iba tan seguido a la escuela para arreglar sus entuertos que las maestras pensaron que era una alumna más.

El menor, Ramiro, se veía a veces como una cruza de gato, mono y murciélago. Se subía a cualquier lugar y se colgaba cabeza abajo de las ramas de los árboles, las ventanas, las escaleras. En caso de que duden de mi veracidad tengo fotografías que lo

Juan Cruz y Ramiro

prueban. Su estilo cambió levemente el día en que saltando del techo de la casa a un árbol distante, calculó mal, sorteó la rama que lo hubiera sostenido y cayó, sin aliento, sobre la tierra endurecida. Creo que el golpe depositó un poco de sentido común dentro de su dura cabeza y por poco nos da un ataque al corazón.

Por otro lado Juan Cruz, en contraste, se veía como una cruza de lirón y caracol. Dormía la mayor parte del tiempo. Se movía lentamente, con parsimonia y desconfiaba de las alturas, las ramas elevadas y los techos. Veía peligros reales e imaginarios acechando sus pasos por todas partes. Creo que hasta tenía miedo de su sombra.

Claro, la excepción tenía lugar cuando de un momento a otro decidían cambiar de posiciones en el sube y baja. El lento se volvía una mezcla de ardilla veloz y ratón dinámico; el rápido se transformaba en un perezoso que ni a los árboles quería acercarse, mucho menos al techo. Entonces, la confusión reinaba y yo desconocía quién era quién.

La arena de las horas ha corrido a través del reloj del tiempo y mis hijos son ahora hombres hechos y derechos. Estoy segura que sólo con el propósito de confundirme un poco siguen intercambiándose los roles. Tal vez, no quieren que yo los encasille y los ponga cómodamente de adorno dentro de una caja, o en una repisa. No. Ellos desean que yo los vea como "posibilidades inesperadas". Examinando el dilema bajo una luz aún más caritativa, es posible que deseen mantenerme siempre joven y en un alerta constante, al borde de la silla, *lista para cualquier trámite*.

Hay algo que sé con certeza: bendigo el humor que me permite ver a mis hijos cada día bajo una luz diferente. Por ahora estoy un poco impaciente esperando que el sube y baja se detenga por un momento siquiera para poder subirme a él y compartir una subida y una bajada junto a cada uno de mis hijos. De esta manera, siempre estaré *en la onda* o a tono con, al menos, uno de ellos.

La despedida de mi madre

¡Ay, madre, desde muy lejos
a mis coplas volverás!
Atahualpa Yupanqui

Aunque sabía que el final de la vida de mamá se estaba acercando inexorablemente y me creía espiritualmente preparada, el urgente llamado de mi hermana Marta, me dejó aturdida. Su salud estaba decayendo y no había quien pudiera dedicarle las veinticuatro horas de atención que merecía. Mis hermanas tenían demasiados nietos y obligaciones con sus maridos, cuya salud también requería atención. Para peor, Marta que era su bastión, se había quebrado el tobillo y debía estar en reposo. Hasta entonces, era el apoyo de mamá quien confiaba ciegamente en ella. Marta la visitaba a diario, la atendía y le daba sus medicinas. Sin ella, la familia entró en pánico. ¿Podía yo hacer tiempo y ayudar? Dos días más tarde, la valija hecha, volaba yo sobre los Andes hacia Buenos Aires.

Mamá me recibió en la entrada de su departamento. Por evitarme un sobresalto, se había levantado de la cama y apoyada en un bastón, erguida como si estuviera con la mejor salud, me abrazó. A pesar de su esfuerzo por parecer alegre, mamá se veía asustada. El que ha estado lejos mucho tiempo, ve más allá de las apariencias. Como siempre se presentara al mundo calma y digna, el temor que vi en sus ojos me descorazonó.

Tomando mis manos, mamá volvió al nombre que usaba para mí:

-Bebita, me siento abandonada. No puedo lidiar ya con esta casa. Debemos irnos de inmediato a un hotel.

Esas fueron sus extraordinarias palabras de bienvenida. El absurdo de su pedido me traspasó. Pensé en la manera de tranquilizar su ansiedad. Aunque creía estar preparada para cualquier eventualidad, las circunstancias eran peores de lo que había imaginado. Tendría que endurecerme para afrontar esta batalla final. Este viaje iba a ser largo.

Poniendo de lado los pensamientos negativos, le juré a mamá que sus problemas eran ya cosa del pasado y agregué una frase que, remedando a mi hermano Matías, solíamos decir:

-No tengas miedo, que aquí estoy yo.

A pesar suyo, mamá se sonrió. Entonces, con una seguridad que estaba lejos de tener, le hablé como si los enredos de la vida fueran fáciles de resolver, un juego. Comprendí que mi trabajo iba a consistir en mostrarle a mamá la posibilidad de un futuro sin zozobras.

Papá y mamá en un crucero

Invirtiendo los roles, yo le preparé una taza de té y nos sentamos a hablar de lo que la estaba preocupando haciéndole insoportable la vida en su departamento. Yo escuchaba tratando de solucionar en mi mente cada uno de sus problemas.

La noche me encontró sentada a su lado mirándola dormir. No habían pasado veinticuatro horas desde mi llegada y ya me sentía totalmente consumida de incertidumbre. ¿Podría realmente ayudarla? ¿Tendría suficientes recursos? ¿Fuerzas? ¿Coraje para dejar mi vida en remojo, en un paréntesis indefinido, perdiendo en el proceso posibilidades de trabajo?

Me pasé horas, despierta, planeando estrategias. Para tener éxito en mi cometido debía dejar toda emotividad de lado, ser absolutamente racional en mis decisiones y organizada al máximo en mis planes. Sólo así podría serle útil. Recordé un consejo que mamá me diera en mis momentos más difíciles:

-A veces, Bebita, hay que ponerse el corazón en el bolsillo.

Este era el momento del que ella hablaba. Primero tenía que crear en mi madre la certeza de que pasara lo que pasase yo no la abandonaría, demostrarle mi amor incondicional y devolverle su energía. Si alguna vez había creído en mi capacidad de mando, ahora era el momento de probármelo. Iba a poner al viejo departamento en pie, devolverle su lustre y a la vez convertirlo en un lugar seguro y confortable para mamá que ya tenía noventa y cinco años. Era hora. Mi madre iba-de una vez por todas-a vivir sin sobresaltos y feliz

Mamá se había calmado y dormido la mayor parte de la noche sin disturbio. Me quedé a su lado, sumergida en el viejo sofá dormitando a saltos. Después del desayuno tuvimos una charla larga y divertida. Los hermosos ojos cambiantes de mamá brillaban con la suavidad que le conocía. ¿Podría ganarme su confianza? Al menos, habíamos sobrevivido la noche sin irnos a un hotel.

A la luz del día inspeccioné los problemas. Esa misma mañana, con ayuda de mi cuñado, contraté a un obrero que en unas horas hizo todas las reparaciones necesarias. Llené los floreros con flores frescas.

Poco tiempo después el departamento lucía como antaño y habíamos entrado en una rutina tranquila. Las noches eran siempre agitadas. Mamá no dormía muy bien y se la veía agotada. Necesitaba una constante reiteración de que yo no me iba a ir. Ella sabía que mi hogar estaba en Estados Unidos y temía que en cualquier momento cambiara de idea y abrumada por la responsabilidad de su salud y el cuidado de su casa, me fuera. A cada rato me preguntaba:

-¿Estás segura que no te vas?

Con la lealtad de un perro viejo, dormía junto a ella en el sillón o en el cuarto vecino con la puerta entreabierta por si me necesitaba. Sus llamados eran frecuentes. En cuanto la oía moverse, inquieta saltaba de la cama y corría a su lado. Comenzó a llamarme *Mi caballero andante*. Como Don Quijote estaba siempre lista para resolverle cualquier entuerto. Muy seriamente solía preguntarme

-Pero decime, querida, ¿vos nunca dormís?

Foto de Mami y Papi, en viaje a Houston, Texas, para operarse del corazón con el Dr. De Bakey

Era verdad. Dormía de a cuatro horas por noche como era mi costumbre, pero la tensión de no poder darle rienda a mis emociones, me estaba debilitando.

Con la ayuda de mi hermana Ana María, contraté a una joven peruana que resultó ser una joya de persona.

Rápida, eficiente, bien dispuesta y de corazón tierno nos conquistó totalmente. Juanita trajo calma, limpieza, orden y un horario constante de comidas. Mantenía la cama de mamá impecable con sábanas fragantes. Todo en la casa brillaba. Cuando la salud de mamá empeoró, se ofreció a reemplazarme por las noches en la atención a mi madre sin querer aceptar ni un centavo más por su ayuda. Deposité absoluta fe en Juanita. Mamá le tomó gran afecto.

Gracias a las atenciones de la joven peruana, ahora tenía todo el tiempo para mimar a mi madre. Jugábamos a las cartas, hacíamos crucigramas juntas y en la guitarra le cantaba sus canciones favoritas. Pese al deterioro de su salud, se la veía calma y relajada.

Comencé a hacerle preguntas sobre su vida de niña. Como la mayor de nueve hermanos tenía mucho que contar. A los dieciocho años había perdido a su madre Nieves Boqué y a su tía favorita Conce, en un accidente de auto que también le había costado la vida a la prometida de uno de sus hermanos. Enseguida había conocido a papá y pronto se casaron. Me regaló un retrato de ella en el día de su compromiso.

Temerosa de no recordar los detalles de su infancia, comencé a consignarlos en un cuaderno. Mamá me bautizó *"mi escriba."* Gozaba contándome los detalles de su niñez y las peleas con el más *bandido* de sus hermanos. Me avergonzó lo poco que sabía de la vida de mamá. Con ayuda de una prima pusimos en mi cuaderno, para la posteridad, la genealogía de su familia.

Para contribuir a la vida espiritual de mi madre, organicé las visitas regulares de un joven sacerdote. Era un hombre dinámico, humorista y compresivo. No "confesaba" a mamá ni moralizaba sino que la dejaba charlar de lo que ella quisiera. Eran dos amigos visitándose. Mi madre se alegraba con su llegada. Entonces, yo aprovechaba para salir a tomar un café y "*ventilarme*" o me iba a la cocina a conspirar con Juanita. ¡Estaba harta de estar encerrada!

Más adelante contraté a una enfermera para que cada dos días le administrara las medicinas recomendadas por el médico. Mi madre la detestaba. En cuanto la veía, con una mirada de rencor, le clavaba sus ojos de gato. Venía muy recomendada por la mejor amiga de mamá y no me atreví a despedirla porque no tendría entonces en quien confiar para tan delicado cargo. Me hizo sentir traidora y culpable pero hice de tripas corazón y la conservé.

Sin percatarme, así como cambiaba mi madre, yo también iba cambiando. Sentía como si dentro de mí viviera otra persona a la que escasamente conocía. Me bañaba una lucidez y una paz extrañas. Mi tendencia rebelde había sido reemplazada por una aceptación total de los términos dictados por las circunstancias. Asistir a la declinación diaria de mamá me llenaba de compasión, de una paciencia infinita y deseos de hacer lo que fuera para facilitarle la vida y hacerla feliz.

Mi madre sospechó estos cambios porque un día me preguntó:

-Decime, Bebita, ¿vos eras siempre así o cambiaste muchísimo? Porque yo no te recuerdo ni paciente, ni tranquila, más bien rebelde y peleadora. Vos ¿cambiaste?

Tuve que reírme de buena gana. Sí y tantísimo. Yo misma no me reconocía. El cambio era como de terrorista a pastorcita, más o menos. Cinco años de meditación diaria, Kriya Yoga, la influencia de mi gurú, Yogananda, y su filosofía de vida, me habían transformado en otro ser. Ahora, este reverso de roles, teniendo que ser más madre que hija, también estaba haciendo impacto. Pero de nada de eso le hablé.

-La vida me hizo cambiar, mamá.

Nuestra relación pasada había sido por momentos terremótica, con momentos de calma y otros de ruidosas fracturas. Me habían clasificado con varios rótulos. En la niñez era "la petisita mandona". "Rebelde y comunacha" a los treinta años y ahora a los sesenta era como la ovejita de la canción *Mary had a little lamb*. Esa *"corderita"* era yo siguiendo los pasos de mamá sin quitarle los ojos de encima ni un segundo. La hubiera seguido ciegamente hasta el fin del mundo. Me iba a quedar a su lado hasta que ella no me necesitara más...

El resultado de tanto cambio era que nadie, salvo mi madre y Ana María, me tenía ni un centavo de fe. No sabían quién era esta *rara avis* que había aterrizado en medio de su conocido ambiente a trastornarlo todo. Lo peor era que no tenían más remedio que aguantar los cambios y transformaciones que implementaba en la casa y la vida de mamá. Barrotes en los baños, horarios, comidas de reglamento. Vaya uno a saber. Todos, pero en especial mi hermana Nieves estaba furibunda conmigo.

Mi madre en cambio, cada madrugada o en mitad de la noche cuando se despertaba me decía:

-¡Qué hubiera sido de mí, Bebita, si no venías!

El fin de mi madre se aceleraba. La enfermera me alertó:

-Le quedan dos o tres días, no más.

Aparecieron nuevos dolores. Un día camino a su habitación, se detuvo a mirarse en el espejo.

-¿Quién es esa mujer? No puedo ser yo. No me reconozco para nada.

-Mamita, a decir verdad, yo tampoco me reconozco.

Y ofreciéndole el brazo como para bailar una antigua gavota la invité a su cama para peinarnos, pintarnos un poco y devolver color a las mejillas. Tomó mi brazo e imitando mi paso de danza, sonriéndonos, avanzamos lentamente hacia su dormitorio. Así que se recostó sus dolores se redoblaron. Por misericordia, el final se aceleró.

Una noche en que me había dormido un rato, aprovechando que mi hermana Nieves estaba de centinela, Juanita me despertó con ansiedad y terror en la voz:

-Venga rápido, su madre ha visto a la Muerte entrar por el balcón del dormitorio.

-Qué? Salí a la carrera para su habitación y encontré a mamá terriblemente agitada. Se revolvía en la cama, no queriendo ver a la Muerte que ahora estaba junto a Juanita.

–¿No la ves? Le decía a Juanita. Está allí, a tu lado.

Le urgí a mamá que reemplazara esa fea imagen con la de su madre, a quien hacía días mencionaba y cuyo retrato la

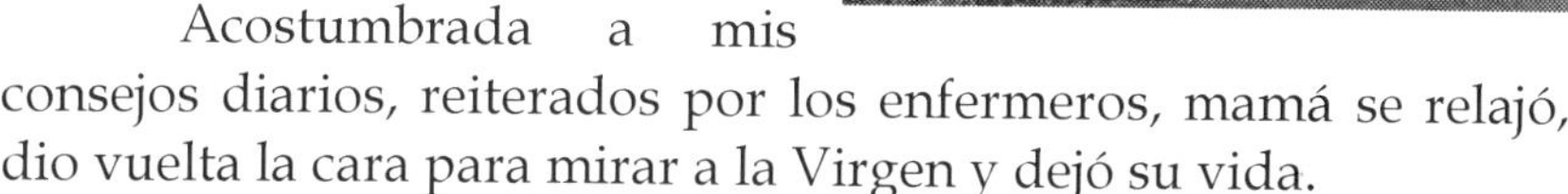

tranquilizaba. Le puse un paño de agua fría sobre la frente.

-Esta frescura te hará sentir bien. Mirá allí. En tu mesa de luz está la Virgen que te trajo Marta. Mirala. Cerrá tus ojitos y descansá, mamá.

Para entonces, los enfermeros ya estaban allí para confirmar su descanso final. Repitieron mis palabras...

-Señora, sí, mire a la Virgen...

Acostumbrada a mis consejos diarios, reiterados por los enfermeros, mamá se relajó, dio vuelta la cara para mirar a la Virgen y dejó su vida.

Después de las preparaciones que siguieron, unas horas más tarde la llevamos al cementerio y mi madre fue enterrada momentáneamente en la bóveda familiar hasta su cremación futura, a la que yo no iba a poder asistir.

Más tarde, ayudada por Juanita, ordenamos la habitación de mamá. Puse particular cuidado en acomodar sobre el inmenso tocador los cepillos y botellones de cristal que había usado toda su vida. Los empujé hacia el fondo para que no se pudieran caer y romperse. Cerramos la habitación con llave, nos dimos las buenas noches y agotadas las dos por tantas emociones nos fuimos cada una a su dormitorio.

Estaba poniéndome el camisón cuando oí:

-Bebita, Bebita.

La voz de mi madre me llamaba. Por costumbre, contesté:

-Sí, mamá.

Y me asomé al pasillo al que daban las salas, los baños y los cuartos de Juanita y el mío. Las dos dejamos las habitaciones al mismo tiempo. Nos miramos con sorpresa.

-¡Señora, su mamá la está llamando! Yo reconozco esa voz y nadie más que ella la llama así, *Bebita.* ¡Ay, me desmayo del susto, señora!

-Sí, ya sé, yo también la oí llamar. Pero no te asustes. Es su alma que todavía no se ha dado cuenta que ya dejó este mundo. Andate a dormir y si tenés miedo encerrate con llave. Ella te quiso mucho. No te va a pasar nada. No tengas ningún temor.

Esperé un segundo hasta ver a Juanita desaparecer y pnerle llave a su puerta. Después entré a mi cuarto, me eché como un fardo en la cama totalmente agotada y pensé con alivio: -*Pronto volveré a la paz de mi casa.*

No acababa de apoyar mis anteojos sobre el borde de la mesita de luz, cuando sentí un –*¡Bum!* Algo había caído con estrépito en el piso del cuarto de mamá. Pensé, *mamá debe estar indignada. Ella nunca quiso morir...*

Me forcé a abandonar todo pensamiento, me di vuelta en la cama, me arropé bien arropada y me dormí enseguida.

Al día siguiente le pedí a Juanita que me acompañara al cuarto de mamá. No quería entrar sola porque no sabía qué podía encontrar. Cuando abrí la puerta, lo vi. El cepillo favorito de mamá había saltado por sobre las botellas donde lo había dejado parapetado y estaba en el suelo junto a su cama. De haber saltado uno, los otros cepillos tendrían que haber saltado también por sobre los botellones. Para mí no había duda: quien lo tiró al suelo tenía que ser mamá. Debió sentirse traicionada cuando se percató que su *Caballero Andante*, su Bebita, estaba ahora más allá de su alcance y nunca más podría asistirla. Con Juanita hicimos un pacto de silencio.

Un año más tarde, en la reunión organizada por mis hermanos para dividir los pequeños objetos amados por mamá me tocó a mí el famoso cepillo. Mamá seguía enviándome sus mensajes.

Me alegré de que la vida me hubiera dado la oportunidad de re-encontrarme con mi madre y acompañarla en su viaje final. Fueron unos meses inolvidables de reconocimiento y despedidas.

Nuestras almas intercambiaron anécdotas y episodios de nuestras vidas, desde los más intensos y dramáticos, hasta los más alegres. Por cuatro meses fuimos dos queridas amigas visitándose, apoyándose, confiando una en la otra.

Con profundo amor y gratitud sentí que mi madre había hecho las paces con aquella vida que existe más allá de ésta, , donde quiero creer que está, por fin, a salvo, más allá del dolor.

A MAMÁ

Mamá, mamá querida: ya lejos de la infancia
Siento cómo forjaste con amor nuestras almas.
Cómo calladamente, con tu ejemplo y palabras
Nuestra niñez, no supo sino de noches claras

Tu corazón inmenso, derramando ternuras
Envolvió nuestra casa y alegró nuestra cuna.
Nunca supimos nada de cuando estabas triste,
Ni de tus noches malas, ni de tu rezo simple

Y hoy, mamá, me doy cuenta que tu amor a la vida
Y el amor a los tuyos y tu sana alegría
Es una savia dulce que de ti recibimos
Y que ahora tratamos de dar a nuestros hijos

Mamá, mamá querida: son pobres las palabras
Cuando se siente hondo y la emoción estalla.
Trataré en mi camino, de seguirte los pasos
Con el amor inmenso que abarcas en tus brazos

Por María de las Nieves Calandrelli de Sicardi
A la muerte de nuestra madre: el 29 de Junio del 2000

Mi padre

Tu recuerdo no es recuerdo
Es presente y nada más.
Viva estrella de mi cielo
Que no preciso nombrar.
Atahualpa Yupanqui

Su primer nombre fue Matías, como su padre, su abuelo y mi hermano. Su segundo nombre, Alcides. Los dos vienen de sus parientes italianos cuyos bustos adornan en semicírculo un parque en lo alto del monte Trastévere en Roma.

Mi padre adoró siempre la música, pero sus cuerdas vocales no estaban entrenadas para cantar así que no podía mantener la entonación. Sin embargo tenía un oído fino y enseguida notaba cuando alguien desentonaba. Lo hago responsable de haberme enseñado mis primeros acordes en la guitarra y ponerme así en el camino de la felicidad.

Como buen descendiente de italianos, adoraba la ópera. Una de sus reglas era: *Nadie sale de casa el domingo hasta no haberle dedicado por lo menos una hora a la música clásica.* La segunda regla también era sagrada: *Cada jueves en nuestra casa se comerán tallarines con tuco, así llueva o truene.*

En las tardes de invierno, después de la cena, nos reuníamos todos en la salita de música a escuchar óperas completas. Para las francesas, mi madre era la traductora oficial. Para las alemanas contábamos con la ayuda de papá para seguir los libretos bilingües. Nadie sabía Alemán. Nuestras voces favoritas a través de la vida -y mi gran pasión- fueron: Eleanor Steber, Marian Anderson, Victoria de los Ángeles y el famoso barítono Gerard Souzay.

Cuando se trataba de las *Grandes Óperas*, papá nos hacía sentar y con amor explicaba el drama, los personajes, los temas principales y los instrumentos que los identificaban. Mientras escuchábamos él señalaba su llegada alzando los brazos y dirigiendo como maestro, en señal de triunfo.

Aunque papá era médico cirujano, no ganaba lo suficiente como para mantener una familia grande con comodidad. Su madre, Basilisa, lo urgió a enrolarse en las fuerzas militares. Entonces tendría mejor salario, una carrera, seguro de salud para todos los hijos y una pensión para el futuro. Papá, a quien disgustaba la severidad de los militares, resistió tanto como pudo, pero al fin cedió, se dejó convencer y con los años llegó a ser Teniente Coronel. Su refugio fue la música y su pasión el ajedrez. Llegó a entrar en competiciones internacionales jugando contra maestros y ganó una moneda de oro y una de plata.

Era evidente que papá nos adoraba, pero no era nada demostrativo. Sólo mamá y mi hermana Nieves, que sabían ignorar su falta de eco, podían abrazarlo. Los demás chicos nos manteníamos a la distancia. Su temperamento era levantisco y con frecuencia alzaba su voz. Con mamá se volvía como una seda y sujetaba su lengua. Vivía a contrapelo en un trabajo que no le pegaba, trabajaba demasiado y no tomaba casi vacaciones. Dos veces durante levantamientos político-militares, no sabiendo exactamente cuál era su posición, lo vinieron a buscar y -por si acaso- lo pusieron preso hasta saber de qué lado soplaba el viento y quién había ganado la ofensiva. Nosotros estábamos horrorizados, pero mamá y papá se mantuvieron calmos. Antes de que lo llevaran papá quiso tranquilizarnos:

-No se preocupen chiquitos, estos no tienen cerebro. Estaré de vuelta antes de mañana. Y así sucedía.

Una tarde que mamá había salido con amigas, papá se quedó solo, escuchando una trasmisión directa por radio desde el Teatro Colón de Buenos Aires. Se trataba de mi ópera favorita: *La Boheme* de Puccini. Siguiendo el sonido llegué hasta donde estaba papá en la salita de música y me puse a hacerle compañía. En el entreacto, papá me propuso:

-Eh, ¿qué te parece si vamos al Colón a escuchar los dos últimos actos, en persona? ¿Sos pierna? Pero tenemos que salir volando.

Yo nunca había estado en un teatro de esa importancia, así que asentí de inmediato. En un taxi llegamos en un santiamén y pronto estábamos en lo más alto-en *el gallinero*-rodeados de una música celestial. Lloré de emoción durante toda la representación secándome los ojos con ayuda del pañuelo que me ofreció papá.

Después me llevó a un restaurante húngaro para probar algunos de sus platos típicos mientras escuchábamos danzas gitanas tocadas por unos excelentes violinistas. Me sentí privilegiada. Ninguno de mis hermanos había compartido momentos así con papá.

Papá y yo

Una mañana de verano, mi padre entró a nuestra habitación para decirnos que había visto una solera veraniega preciosa. Quien estuviera interesada podía ir con él, probársela y papá se la compraría. Mis hermanas lo miraron como si estuviera mal de la cabeza y levantaron los hombros en un gesto de rechazo. No, gracias. Yo salté. Era la ocasión perfecta para conseguirme un vestido nuevo y no tener que andar siempre heredando los de mis hermanas. Salí con papá. Me probé la solera que parecía hecha a mi medida y salí a lucirla. Para rematar mi alegría, mi padre me llevó a un famoso café y nos sentamos a tomar y comer delicias.

Dos veces en la niñez enfermé de gravedad y estuve al borde de la muerte. En esas circunstancias, mi padre, temiendo que sus emociones lo traicionaran y no pudiera ser suficientemente objetivo en su diagnóstico congregó una junta de médicos y salvó la vida de la menor de sus hijas. Como premio a mi paciencia en tomar remedios para recobrarme, me regaló, de sorpresa, una bicicleta. Así, con el deseo de usarla, me incentivaba para que me recuperara pronto.

Otra vez, cuando yo ya vivía en Chile, me picó en la pierna *la araña del rincón*, considerada muy ponzoñosa. Casi enseguida la herida comenzó a ulcerarse y el veneno a comprometer mis pulmones. Caí en una anemia aguda. Llamé entonces a mi padre, que entre otras cosas, se había hecho experto en enfermedades infecciosas. Consideró el cuadro lo suficientemente serio como para enviarme pasaje en un avión correo del ejército que salía en unas horas. Por una semana no se movió de mi lado, cambiando los vendajes, administrando las medicinas y poniéndome diariamente inyecciones contra la anemia. Finalmente recuperé mi pierna y me fortalecí. Esta era la manera en que papá, sin alardes, demostraba su amor.

Tiempo más tarde, para despedirme de mis padres porque me iba a vivir a los Estados Unidos, hice un viaje relámpago a Buenos Aires. Papá se mostró muy disgustado de que me fuera tan lejos.

-Creo que no nos quieres lo suficiente, dijo.

Le aseguré lo contrario, pero reiteré que tenía que irme a forjar un futuro para mí y para mis niños. En ese instante, mirando sus ojos, vi la muerte y supe que no volveríamos a vernos nunca más.

Me envió cartas, un libro de danzas folclóricas y el recorte de un diario dando un dato histórico original: -por un día solamente, Argentina había conquistado California- algo que le hacía sonreír.

Un año más tarde, estando sentado en el club de ajedrez jugando una partida, de pronto se inclinó sobre la mesa y allí dejó su vida.

El famoso cirujano de corazón, el Dr. De Bakey, que lo había operado en años anteriores, en Texas, le había dicho:

-Doctor, le estoy regalando diez años más de vida.

Y ése fue exactamente el tiempo extra que vivió*.

---

* *"Hace poco descubrí en una publicación, que Papá había inventado un pararrayo para las maniobras del ejército. O sea, que el Bebe y mi hijo Ramiro, no son los únicos inventores de la familia. Papá también lo fue. "*

A PAPÁ

Fue la noche más larga y la más triste
Cuando juntos te fuimos a esperar...
Después supimos que nos despediste
Y esa noche aprendimos a llorar.
Duele tanto pensar en no tenerte
Tan lejos de nosotros tu partida
Tan extraño perderte y no perderte
Y tu ausencia mil veces repetida

Y estas pobres palabras
Atravesando estrellas encendidas.

Gracias, Papá, por tu existencia pura,
Por la nuestra y la mía
Por tu bravo torrente de ternura
Por tu honor y tu hombría.

Porque lo diste todo
Sin que esperaras nada
Y por tu recio modo
De empuñar la verdad como una espada.

Gracias, Papá, por esa sangre tuya
Que nos deja tu herencia
Que nunca se concluya
El caudal de tu amor y de tu ciencia.

Gracias, Papá por el milagro claro
De tu fe amanecida
Que alumbra con su luz el desamparo
Que deja tu partida.
Gracias, porque nos curas esta herida
Con la rara certeza de saberte
Tan lejos de la muerte,
Tan cerca de la vida.

Por María de las Nieves Calandrelli de Sicardi
A un año de la muerte de nuestro padre que falleció el 13 de Diciembre de 1965

Curiosidades: mis ancestros los Calandrelli en Grecia, Roma y Argentina

Encontrar los bustos de los Calandrelli, en el Trastévere, en Roma y luego, al pie del cerro, hallar la VIA CALANDRELLI, realmente fue una sorpresa para mi hermana Nieves y su marido quienes nos enviaron las fotos que ven. Decidimos buscar los orígenes de los Calandrelli.

LA "L" en el busto es por "Ludovico" Calandrelli, Caballero de la Orden de Malta, mi tatarabuelo, quien pensamos fue el responsable de haber comenzado la familia en Italia.

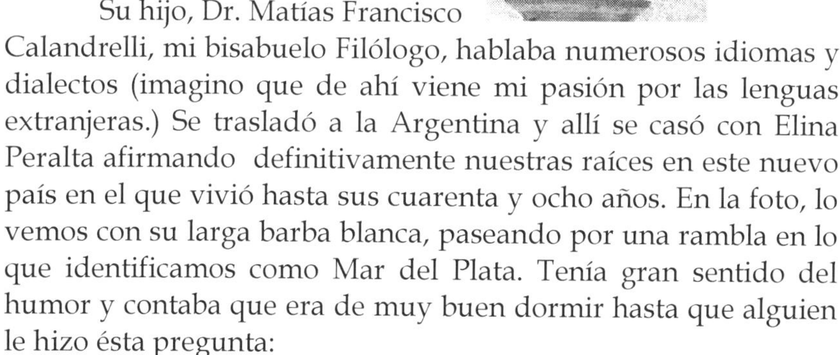

Su hijo, Dr. Matías Francisco Calandrelli, mi bisabuelo Filólogo, hablaba numerosos idiomas y dialectos (imagino que de ahí viene mi pasión por las lenguas extranjeras.) Se trasladó a la Argentina y allí se casó con Elina Peralta afirmando definitivamente nuestras raíces en este nuevo país en el que vivió hasta sus cuarenta y ocho años. En la foto, lo vemos con su larga barba blanca, paseando por una rambla en lo que identificamos como Mar del Plata. Tenía gran sentido del humor y contaba que era de muy buen dormir hasta que alguien le hizo ésta pregunta:

-"Dr. cuando Ud. se acuesta, pone la barba encima o debajo de la sábana?" Final de su buen sueño...

Sabemos que LA "A" en el otro busto, es por "Alcides" nombre que siguió estando en mi familia por varias generaciones: mi papá Matías Alcides y el hermano de mi abuelo Tata, mi tío abuelo, Alcides Calandrelli, ambos hijos de Matías Francisco y de Elina Peralta.

Mi bisabuelo Calandrelli

Mi bisabuelo y su hermano

De esta pareja nacieron en Argentina, mi abuelo Tata, su hermano Alcides, y mis tías Ada*, gran humorista, Teresa (que murió muy niña) y Noemí (o "Tita Mimí", que vivió con nosotros)

Matías Francisco, "el Filólogo", falleció de un ataque al corazón (aflicción redundante en nuestra familia) mientras dictaba cátedra de Derecho Internacional en la Facultad. Fue muy querido y respetado. Escribió numerosos libros sobre el tema. Los famosos Argentinos de la época asistieron a su sepelio y todas las clases fueron suspendidas en las Universidades.

En el Internet, descubrí que el apellido Calandrelli viene del Griego, CALOS, que quiere decir Bueno y ANDROS, hombre. Al emigrar la familia, se le añadió el sufijo nobiliario ELLI. Todo esto lo leí en el Internet. De ahí Calandrelli.

¿Me pregunto: por qué están sus bustos en esa plazoleta en el Gianicolo? Podría ser porque Ludovico, General de la Guardia Noble del Vaticano y Caballero de la Orden de Malta peleó por el Papado y Alcides lo defendió con sus escritos, hasta que Garibaldi unificó Roma? Parece bastante probable. Eso leímos en una presentación del Internet.

Calle en Roma

Acerca de Atahualpa Yupanqui

Guitarrista, folclorista, canta-autor y poeta, nació en Argentina el 31 de enero de 1908 con el nombre de Héctor Roberto Clavero y eligió para sí el nombre con el que se hizo famoso en el mundo entero, Atahualpa Yupanqui.

A los 84 años de edad murió en Francia, donde tuvo que exiliarse por razones políticas.

En el estilo del **Martín Fierro** de José Hernández, escribió **El Payador Perseguido,** una zaga extraordinaria, en verso. Irónicamente, hoy sus restos descansan...en Argentina. Allí, donde en fogatas rencorosas, quemaron muchos de sus discos y sus libros, mientras lo acusaban de ser comunista.

No pudieron sin embargo acallar su voz. *Chants du Monde* en Francia y *Folkways*, en Estados Unidos, fijaron gran parte de su repertorio en *long plays.* Y Latinoamérica lo publicó en libros y cancioneros.

Escribió más de 500 canciones. Publicó libros de poesía, anécdotas y cuentos. Dijo de sí mismo:

-"*Tengo temple para la lucha, pero amo la paz.*"

Meses antes de su muerte, el poeta visitó El Taller Latinoamericano en Nueva York. Allí tuve la gloriosa oportunidad de conocer, en persona, a quien fue para mí un maestro y fuente de inspiración y vida. Charlé con él un buen rato y le canté sus canciones. Un mes más tarde, de 84 años moría en Francia.

Suni Paz

Reconocimientos

Debo a los genes de mis ancestros, y a mi familia inmediata el que nunca me haya asustado frente a una página en blanco. De ellos, mis tíos y mis padres, heredé mi inclinación por la música y mi adoración por la palabra escrita.

De mi madre, nació mi pasión por el baile y el folclore. Con su ayuda, a los dieciocho años estaba yo ya tocando castañuelas y bailando en escenarios bailes regionales de España: Jotas Aragonesas, Farrucas y Sevillanas. Una amiga de mamá que había sido bailarina profesional me prestó toda su ropa para que yo me presentara en el escenario correctamente vestida. Ahora toco las castañuelas para los niños.

El alma poética de mi hermana Nieves me enseñó a amar la poesía. De Ana María, pintora, aprendí sobre la forma y el color en la vida. La vena inquisitiva de Marta me inspiró a mantener la mira en mis sueños, ideas y experiencias y a consignarlos en papel. *Esos* fueron mis primeros pasos. De mis hermanos, Matías y Jorge aprendí el humorismo y la perseverancia.

Mi hijo mayor, Juan de la Cruz Fernández Fauvety, me apoyó siempre, me ayudó con su talento musical en el piano, grabó conmigo y me salvó y aún me salva a cada rato de los enredos y desastres electrónicos en los que soy una total y singular experta.

Mi hijo Ramiro, cuyo pseudónimo es Ramiro Fauve, apoyó todas mis locuras creativas y me prestó su voz exquisita, sus arreglos y dirección. Ramiro es además magnífico muralista y pintor. Expuso sus obras en varias exposiciones que fueron, como sus murales, ovacionadas en revistas. Las cubiertas de este libro y el de Inglés son salidas de su creatividad.

Kjersten, mi hijastra, que creció conmigo en USA, me dio la alegría de poder tener una hija amorosa, inteligente, de gran corazón y excelente bailarina. Ella ahora habla Español pues vive con su esposo, John, en Panamá.

Alma Flor Ada e Isabel Campoy, mis compañeras de camino, inspiración de todos los que llegan a tener la dicha de conocerlas, ambas escritoras y poetas notables, se tomaron el tiempo, que no tienen, para leer y comentar el manuscrito. Me dieron ánimo y alentaron mis propósitos trayendo a mi vida a Altea Ortiz.

Altea Ortiz, ofreció su talento y su gracia artística para unir todos los pedazos de este libro. Es debido a su capacidad y precisión y a su creatividad que Destellos llega hoy a sus manos en una segunda edición más animada y alegre.

Con Virginia Igonda, compatriota del alma, compartimos charlas esotéricas sin fin, en el patio de su casa en Del Mar, California, acunadas por la canción del océano, amigo tan cercano, y por el vaivén de los picaflores. Ella ahora nos inspira desde lo alto....

A Sheri Ritchlin, escritora de espíritu finísimo y profundo, mi más rendido agradecimiento por creer en mí e instarme a presentar al público mi vida, en los dos idiomas, combinando cuentos, poesías y canciones. Sin su fe en mí, nada se hubiera hecho. Sheri, Virginia y yo, formamos un trío inolvidable.

A mi sobrina María Sicardi, exquisita poeta y cantante, a quien yo llamo "la Bob Dylan de Argentina" le debo gloriosas mañanas en México compartiendo café y canciones, riendo y llorando con mis cuentos. Sus profundas observaciones abrieron una nueva visión a mi entendimiento. María y Clarita Kohen Klieman fueron mis primeras oyentes.

A mi sobrina, Sofía Arguimbau, arquitecto-me dijeron que ya no se dice arquitecta- le debo la alegría de decirme cómo mi libro la ayudó a enraizar su vida. Agradezco que además lo compartiera con amigos y familiares, que nunca lo habían leído.

Lisa Garrison, poeta, escritora y cantante norteamericana, prodigó su talento adaptando mis canciones al inglés manteniendo la rima y mejorando mi gramática inglesa para que este libro pudiera ser también publicado en Inglés, con el título Sparkles and Shadows. Sin ella, el manuscrito en este idioma -que ya salió a la luz y del que quedan pocos ejemplares- no hubiera podido terminarse.

Un gran abrazo y un tremendo *¡Gracias!* al variado grupo de escritores norteamericanos que bajo la sabiduría, paciencia e inspiración de dos aguerridos líderes, la Dra. Judie Gold y Fred

Bernard, fortalecieron nuestras búsquedas, acrecieron nuestra seguridad e inspiración. En sus clases nos leímos mutuamente nuestros trabajos cuentos, versos y anécdotas, sin críticas. Nos dimos apoyo mutuo para aumentar la fe en nosotros mismos.

Deseo que sepan que los próximos cuentos bilingües sobre mi vida en Chile, España, México, Nueva York, California, New Jersey, el Caribe y la isla Francesa Dominique, ya están en el horno. ¡Prepárense!

Al constante Espíritu de Dios y a la inspiración que por siete años fue para mí Paramahansa Yogananda, les debo mi vida tal como es hoy llena y divertidísima apoyada por una fe que mueve las montañas con amigos fieles y continuas experiencias en música, escritura, poesía, literatura, presentaciones y siempre...la enseñanza.

¡Ojalá mis lectores disfruten estas memorias tanto como yo al escribirlas!

"Encantador y profundo, este libro invita al lector a tomar parte en las íntimas experiencias de la autora. Ya sea dolor o lucha, juego o ingenio lo que sus páginas comparten, lo que las hacen inolvidables es la autenticidad de la voz y la cadencia de sus palabras. Un libro para ser atesorado".

– Alma Flor Ada

"Esta autora nos sumerge en un placentero viaje de descubrimiento de lo íntimo, lo frágil y lo sutil de la experiencia humana. Y luego, invita a nuestro corazón a una inmensa carcajada simplemente bosquejando situaciones impensables del siglo XX en Argentina. Suni Paz nos ofrece estas flores de su pasión para nuestro disfrute e insospechadamente, para la reflexión. Un libro magnífico".

– F. Isabel Campoy

"¡Qué bueno tropezarse de vez en cuando con una obra tan especial! Después de leer unos cuantos cuentos autobiográficos, aparecen los de Suni Paz, con una historia que contiene mil historias. Contada con un lenguaje claro y envolvente, su obra reúne los requisitos indispensables para pasar un buen momento y transportarnos a nuestra propia historia".

– Clarita Kohen Klieman

"En Destellos y sombras, Suni Paz nos transporta a un tiempo y lugar pleno de recuerdos de infancia y adolescencia logrando que nuestros corazones palpiten con alegrías y penas que nos conectan a nuestra propia infancia. Sus cuentos están enhebrados con exquisita ternura y con hilos de anécdotas y conflictos familiares, en una fuerte tradición de clases sociales, contradicciones y realidades innegables como la crueldad y terror impartido por las atrocidades cometidas por el gobierno militar de la "guerra sucia". Un libro para compartir con amigos, que nos inspira a apuntar nuestros recuerdos y vicisitudes".

– Silvina Rubinstein

Made in the USA
San Bernardino, CA
10 March 2017